W0325114

Qui veut la peau de Barack et Angela ?

Illustration de couverture : Gaspard Sumeire
Graphisme de couverture : Olivier Douzou

© Éditions du Rouergue, 2016
www.lerouergue.com

dacodac

Guillaume Nail

Qui veut la peau de Barack et Angela ?

Illustrations de Gaspard Sumeire

rouergue

Ce récit s'inspire très librement d'une histoire vraie.

1. comment faire comprendre à ses parents qu'on n'est pas content

– Tu boudes ?

Surtout ne pas répondre… Regard noir, sourcils froncés et mâchoire serrée. Juste ma canine qui dépasse. Parfaite panoplie de la fistonne qui a toutes les raisons d'en vouloir à ses parents.

– Et tu comptes faire la tête jusqu'à ce qu'on arrive ? insiste ma mère.

Bim, regard dédaigneux, bras croisés, ça répond à la question ? À vrai dire, je compte même ne plus parler jusqu'à la fin des vacances, ça leur fera les pieds. Ma mère hésite, puis me tire la langue en rigolant, manière de dire : « Allez, sois pas bête, on fait la paix. » Raté, ma vieille. Pour la peine, je tourne la tête vers la vitre.

Ma mère déteste quand je lui fais VRAIMENT la tête. Ça la panique. Elle regarde nerveusement ses ongles : les ronger ou pas ? Elle hésite. Du coin de ma frange, je la vois qui attaque une petite peau de son pouce. Ça sent bon pour moi. Elle sonde mon père pour connaître son avis : mes parents sont les rois de la télépathie, pas besoin de parler pour savoir ce que pense l'autre. Papou hausse les épaules – les deux heures d'embouteillage lui ont vidé le cerveau. Ma mère prend ça pour un oui. Elle farfouille dans son sac : atterrissage de cadeau surprise dans 3-2-1...

Pardon ?! Des Figolu ?! Elle croit m'amadouer à coups de biscuits ? Si elle compte se faire pardonner avec de la farine et de la fausse figue... Je tape de la tong contre la banquette de la voiture – dernier niveau sur l'échelle d'énervement avant la crise. Ma mère est mortifiée.

– Tu aurais préféré du taboulé, je sais... Pas eu le temps d'en acheter.

Mon père klaxonne une voiture à l'arrêt et attrape rageusement un Figolu. J'ai envie de leur crier : « C'est nul nul nul nul nul ! JE MEURS DE FAIM, moi ! »

Pardon ? Pourquoi ? Comment ça, pourquoi ? Ah, pourquoi je meurs de faim ? Ah oui, c'est vrai, je vous dois peut-être quelques explications.

Flash-back.

2. si vous avez raté le début…

Deux jours plus tôt. Jeudi soir. Rentrée de l'école à 17 h 02 (le bus a eu du retard). Il fait beau. Je n'ai qu'une envie, faire du trampoline. Impossible, j'ai un poème entier à apprendre – c'est bien Mme Chevrol, ça, une page de par cœur juste avant les vacances… La veille de deux semaines de je-me-la-coule-douce, ça veut dire qu'on aura ABSOLUMENT tout oublié à peine la sonnerie retentie (oui, j'aime bien mettre les mots en MAJUSCULE).

Bref, rentrée à 17 h 02… et là, il est 19 h 12. Deux heures et dix minutes que je suis concentrée, mais rien de rien, ça veut pas rentrer : je n'en suis qu'au deuxième paragraphe.

« Bam ! » La porte d'en bas qui claque.

– Maman !

Elle rentre tard, ma mère – parfois plus tard que mon père. Faut dire, son métier, c'est important, elle est journaliste. Mais attention, hein, pas présentatrice du 20 heures ou je ne sais quoi. Non, une vraie journaliste, qui enquête sur des « sujets de société », les droits des femmes, le réchauffement climatique, l'aménagement du territoire, tout ça tout ça… Pas top fun, mais ça va, elle est sympa. Bref. Je sors de ma chambre et descends l'escalier en prenant soin de porter toute la misère du monde sur mes épaules. Ma mère me fait son sourire radieux et envoie joyeusement valdinguer ses chaussures. Je m'accroche, accablée, à la rampe, et les deux noisettes qui lui servent d'yeux se dilatent enfin.

– Houlà, c'est quoi cette tête ? elle demande.

Ah, quand même…

– J'arrive pas à apprendre ma poésie.

Raté, elle semble soulagée.

– Pas grave, ça, Papou t'aidera en rentrant, dit-elle en se baissant à ma hauteur. Figure-toi que j'ai une très bonne nouvelle !

Elle m'attrape par les épaules. Je fais mine de m'intéresser :

– C'est quoi ?

– Non, il faut attendre Papou.

– Allez. Tu me dis et après quand il sera là tu le rediras et je ferai comme si je n'étais pas au courant.

Ma mère sourit. Elle adore quand je lui joue le couplet de la complicité mère-fille. Bon, ce qu'elle ignore, c'est que je fais pareil avec mon père. Qui du coup est trop content que je lui joue la complicité père-fille.

Ma mère hésite, son regard pétille. Dira ? Dira pas ? Je fais le chaton battu gentil, l'arme secrète pour faire céder mes parents.

– On part en vacances !

Elle bat des mains très vite, comme au spectacle. Mais s'arrête net devant mon air dédaigneux. Je demande :

– Et on peut savoir quand ?

– Samedi ! Quinze jours dans une super maison dans le Cotentin. J'ai eu la confirmation ce matin.

Mais qui fait croire à mes parents qu'ils peuvent décider à ma place ! ? Le stage d'initiation au rugby organisé par le club de foot (c'est le même stade), je fais une croix dessus ? Et la pièce à écrire avec Justine ?! Pour l'instant, on a les personnages et l'idée – deux sœurs que tout oppose, mais qui se réconcilient pour tuer une voisine démoniaque. Si on veut la jouer à la kermesse, il est temps de s'y mettre. J'attaque direct :

– Et moi, je fais quoi ?

– Comment ça, tu fais quoi ? répond ma mère.

Son ton est moins enjoué, d'un coup. Je me tais pour lui signifier mon mépris. Ma mère accroche son manteau à la patère, regarde distraitement le courrier – une carte postale publicitaire et un relevé de compte. Puis elle se dirige, fébrile, vers la cuisine. Elle ouvre le frigo et plonge la tête dedans – sa technique quand je l'intimide. Elle me souffle enfin d'une petite voix :

– Donc, tu n'es pas contente ?

Bien sûr que non, je ne suis pas contente ! C'est vraiment pas le moment de partir.

– C'est quoi ça, d'abord, le Cotentin ?

– C'est la mer. C'est très beau.

Elle sort un poireau du frigo et ajoute comme une excuse :

– C'est pas très loin…

Je grimace de la narine. Un temps. Elle finit par lâcher :

– Bon, c'est surtout moins cher.

– Ouah, fais-moi rêver.

Là, ma mère n'a pas eu l'air ravie du tout. Elle a tourné les talons et elle a claqué la porte de la cuisine – je crois qu'elle avait envie de pleurer.

Et moi, je me suis retrouvée toute seule, comme une nouille.

3. Mme Chevrol est une cagole

Vendredi, 11 h 04. Récitation.

Demain, dès l'aube…
de Victor Hugo

Raclement de gorge. Je regarde droit devant moi. C'est parti mon kiki !

Demain, dès l'aube, à l'heure où blanchit la campagne,
Je partirai. Vois-tu, je sais que tu m'attends.
J'irai par la forêt, j'irai par la montagne.
Je ne puis demeurer loin de toi plus longtemps.

Plus personne ne parle. Une mouche pète.

Je marcherai les yeux fixés sur mes pensées,
Sans rien voir au dehors, sans entendre aucun bruit,
Seul, inconnu, le dos courbé, les mains croisées,
Triste, et le jour pour moi sera comme la nuit.

Un temps. On sent que le gars respire la joie de vivre.

Je ne regarderai ni l'or du soir qui tombe,
Ni les voiles au loin descendant vers Harfleur,
Et quand j'arriverai, je mettrai sur ta tombe
Un bouquet de houx vert et de bruyère en fleur.

Là, j'ai pris un air pénétré comme si je pensais à ce pauvre Victor. Sa fille, sa tombe et tous les morts. J'ai regardé Mme Chevrol. Elle avait les yeux mouillés, c'était gagné.

J'ai eu 10/10. Ze best argument pour convaincre les parents de renoncer à leur projet ! Je me suis précipitée à la maison. Ma mère préparait les valises, je lui ai collé ma copie sous le nez.

– Mais c'est super : Victor Hugo il l'a parcouru, le Cotentin ! On pourra même aller à Guernesey : il y a habité.

Bon. Raté.

4. une perturbation arrivera par le Cotentin…

Mon ultime tentative, ça a été une grève de la faim illimitée pour m'insurger contre leur abus d'autorité. J'ai sauté le dîner de vendredi soir et le petit déjeuner de ce matin. Mais ils n'ont rien voulu entendre, et voilà pourquoi maintenant J'AI FAIM !

Fin du flash-back.

À l'avant, ça discute sévère. Ma mère :

– Mais tu peux bien t'arrêter à la prochaine aire ?

Mon père :

– On vient de partir ! À ce rythme, on y sera demain, dans le Cotentin.

Il a fini par céder. Ma mère m'a acheté deux barquettes de taboulé et une BD. J'aurais préféré un Puissance 4 miniature – j'adore faire semblant de perdre contre moi-même –, mais ils n'en avaient plus. J'ai tout dévoré, puis j'ai voulu lire le premier chapitre. Mon père m'a avertie dans le rétro :

– Tu vas avoir mal au cœur.

– Je m'ennuie donc je lis, je lui ai répondu.

Il s'est tourné vers ma mère, un sourire en coin :

– Je pense, donc je suis ? Elle est philosophe, ta fille ?

J'ai pas compris.

Il faut pas lire en voiture. Je le sais, mais c'est plus fort que moi. On a dû s'arrêter en quatrième vitesse sur le bas-côté : j'ai recraché ma semoule dans une sorte de bouillasse à grains, ma mère me tenait les cheveux tandis que les voitures nous frôlaient à toute berzingue.

Autant vous dire que, entre mon père de mauvais poil, ma mère shootée à l'eau de Cologne – rapport à l'odeur du vomi – et moi tirant la tronche et plus affamée que jamais, le restant du trajet nous a semblé à tous les trois interminable.

Vivement dans quinze jours.

5. la campagne c'est le bagne

Jour 1

Je m'ennuie je m'ennuie je m'ennuie.

OK, la maison est jolie, et y a des trucs improbables dans le salon – de vieux cadres qu'on dirait mangés par un asticot et une maquette d'avion en bois. La cuisine est immense, avec de gros paniers en osier suspendus au plafond « *pour aller au marché* » ; c'est la dame qui nous a accueillis pour les clés qui nous a dit ça. En deux secondes, on a fait le tour du proprio ; quant au jardin, il est impraticable pour cause d'averse.

Ce matin, les parents m'ont forcée à aller voir la mer – elle est à 500 mètres.

J'aime pas la mer.

J'aime pas la campagne.

Je sais, ce n'est pas normal, mais c'est comme ça. « Toi, t'es une citadine », elle dit, Mamie.

Au bout de trois minutes, il s'est mis à bruiner, alors on s'est rapatriés, Papou a fait du feu et on a attendu le nez collé aux carreaux. La tête dépitée de Maman, fatiguée de lire encore des magazines ! Une fois le dernier mot de la dernière ligne du dernier article terminé, elle s'est rabattue sur les fourneaux. Tu parles d'un programme. Mais bon, je l'ai aidée à disposer les pommes sur sa tarte – histoire de refaire un peu de complicité mère-fille. Mais j'ai vite soupiré très fort pour montrer combien je serais une femme épanouie si j'étais restée à Paris.

Ensuite, on a déjeuné. Et après... Ma grève de la faim ? Ah, je ne vous ai pas dit ? J'ai décidé de la reporter pour une vraie cause, comme sauver les bébés phoques ou partir en vacances toute seule, sans mes parents. Mais je sens que j'ai marqué le coup : ma détermination, ça les a impressionnés.

Donc là, ça fait dix minutes que je regarde la pluie tomber en répétant doucement : « Je m'ennuie je m'ennuie je m'ennuie. » Les gouttes font floc-floc sur le toit en verre de la marquise, mon père s'endort sur ses mots croisés et ma mère écoute en boucle *Oh What a World*, de Rufus Wainwright…

– T'as pas plutôt Niagara ? je demande.

– Niagara ?

– Ben oui, leur tube, là, celui de ta jeunesse…

Ma mère a beau chercher, elle ne voit pas. Je fredonne :

– *Mais je dois m'en aller… hun hun. Il faut tout oublier…*

Elle me toise, fronce les sourcils et articule lentement :

– Tu montes dans ta chambre. Maintenant.

Bon. Ma mère et moi, on n'a clairement pas le même humour.

6. la campagne c'est le bagne

Jour 2

Et ça pleut, et ça pleut, et ça pleut… Jamais vu autant d'eau de ma vie.

J'ai dit oui à la partie de petits chevaux et au mélange de la pâte pour le quatre-quarts aux pommes – encore des pommes ! J'ai aussi dit oui à : « Prends une page au hasard dans le dico et fais-nous deviner le mot en bas à droite. » Va faire deviner « contingentement »… J'ai même cédé à : « Tu veux colorier le dessin du journal ? » Oui, du COLORIAGE !

Mais, après déjeuner, rebelote : et là, voir mon père piquer du nez sur ses mots croisés et ma mère sombrer dans sa chanson fétiche spécial désespoir m'a fait prendre conscience du long tunnel qui m'attendait les treize prochains jours si je ne réagissais pas **IMMÉDIATEMENT**.

Je me suis postée devant la fenêtre et j'ai commencé à dire de plus en plus fort : « Je m'ennuie je m'ennuie je m'ennuie ». Comme une chanson.

– T'as bien visité toute la maison ?

Donc ma mère se croit au musée d'Orsay…

– C'est sale. Y a rien, j'ai répondu crânement.

– Et ta pièce de théâtre ?

– J'ai les deux premières scènes, faut que je les lise à Justine.

– Appelle-la, rétorque mon père. Toujours pragmatique.

– Le téléphone ne passe pas dans votre région moisie.

– Ça doit être à cause de la pluie, a répondu ma mère.

Et alors ?! À ce rythme, jamais la pièce ne sera prête pour la kermesse. J'ai entonné très fort :

– Je m'ennuie je m'ennuie **JE M'ENNUIE !**

– Lis ton livre.

– J'AI **FINI** !!!!! j'ai hurlé.

– Alors ennuie-toi, c'est bien, de s'ennuyer.

Ce regard narquois de ma mère en me disant ça… Elle s'est renfoncée dans son fauteuil, genre plus la peine d'argumenter. Sauf que moi ma vie est trop courte. Mayonnaise et moutarde sont montées en même temps. Et c'est sorti tout seul :

– Je déteste la pluie ! je déteste le Cotentin et cette maison pourrie ! et vous aussi je vous déteste !

Ma mère a bondi de son fauteuil, s'est avancée vers moi et j'ai vu sa main arriver au ralenti. Ma joue a chauffé avant même que ça tape. La gifle a fait « **CLAC** ».

Mon père a tourné la tête vers nous. J'ai regardé ma mère, puis mon père, puis ma mère de nouveau et je lui ai jeté le regard le plus noir de ma vie – à côté de ça, la crise du taboulé, c'était de la gnognotte –, et ni une ni deux je me suis précipitée dehors en criant :

– Je vous déteeeeeesste !

7. noir c'est noir le hangar

Je cours sur une centaine de mètres, la pluie me dégouline dans le dos – horrible. Je m'arrête un instant pour souffler et vérifier s'ils me suivent : rien, la voiture n'a pas bougé d'un poil.

L'urgence, c'est de trouver un abri avant d'attraper une pneumonie. Sur ma gauche, deux arbres, un Abribus et une poubelle éventrée. Même pas en rêve : je n'ai pas envie de grelotter à regarder trois voitures défiler en mangeant mes doigts. Dans le virage, là-bas, se dresse une sorte de hangar.

Je sprinte.

*

Une immense porte coulissante à moitié rouillée est entrouverte. Je me faufile. À l'intérieur, l'atmosphère est étrange. Le bâtiment est très haut, entouré de tôle rigide ; avec la pluie y a tout qui vibre. Parfois des rafales courent le long des parois, comme si un gigantesque sorcier invisible se déchaînait contre les hommes : « Chhhh-ouhou-chhh ! » Enfin, à peu près…

Une vache me regarde. Elle mâchonne du foin et m'observe comme si j'étais la première merveille du monde. « Meuh », je fais pour entrer en communication, mais elle continue de ruminer, l'œil ahuri. Pas sûr qu'elle capte du réseau. Ses copines sont couchées sur de la paille toute propre. Savent-elles qu'il pleut, au moins ?

« Chhhh-ouhou-chh ! »

Je sursaute.

De l'autre côté, poules et lapins sont enfermés dans des clapiers – elle est bizarre, cette ferme. Tout est impeccable, tout bien rangé, les animaux paraissent faux. Des sacs empilés dans un coin portent des étiquettes étranges : 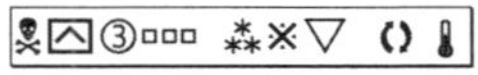

Et l'espace, immense, est baigné de lumière grâce à de gigantesques néons suspendus sur toute la longueur – sauf un qui s'obstine à clignoter. Là-bas, au fond, je distingue comme une pièce toute vitrée, on dirait un laboratoire… Je m'approche pour vérifier, quand soudain des voix résonnent :

– Prends-le dans l'autre sens !

– Attends, il va se barrer !

D'où ça sort ? Je cherche du regard, pas rassurée.

– Gaffe ! Viens, pose-le d'abord.

Là ! Je les vois. Deux gars viennent de faire irruption de je ne sais où. Un grand musclé à casquette et un plus petit, sa tête dans la pénombre.

– Mais tiens-le, enfin !

Le grand resserre son étreinte tant bien que mal. Il se débat avec… – c'est ce que je crois ? Un CORPS ? Là, caché sous une couverture, ça s'agite, ça gigote dans tous les sens. Mais oui, c'est ça. Y a quelqu'un là-dessous ! Je m'accroupis contre la roue du tracteur. Pas bouger, Léa, surtout, pas bouger.

Aïe, le plus petit des deux – je crois distinguer une moustache – vient d'assommer le truc d'un coup sec. Enfin, le truc, le corps, le je-sais-pas-ce-que-c'est-mais-je-peux-vous-dire-que-je-suis-bien-planquée. Je retiens mon souffle, j'ai le cœur qui bat à cent à l'heure.

– Il bouge plus… Tu crois qu'il est mort ?

Le grand Balèze s'éponge le front avec sa casquette, il soulève la couverture. Mais pourquoi je suis si loin, je ne vois rien

– C'est bon, il est juste étourdi.

« Cruiii ! » Un vacarme énorme derrière moi. La porte du hangar grince en coulissant. Vite, je me recroqueville encore plus. Une fille, cette fois – même corpulence que ma mère mais les cheveux châtain filasse –, arrive trempée en portant sous le bras une machine bizarre. Impossible de deviner ce que c'est. Elle s'approche des deux autres sans prononcer un mot. Juste le bruit du néon qui tressaute. Elle interroge du regard Petit à moustache. Il lui fait oui de la tête – qu'est-ce que ça veut dire ? Un code secret entre eux ? Faut croire : elle s'agenouille près du corps, et la voilà qui démarre son engin. Un bruit strident retentit dans le hangar, c'est horrible, on se croirait chez le dentiste en mille fois pire. Le vent s'engouffre : « Chhhh-ouhou-chh ! » Je m'agrippe à la roue du tracteur. Balèze à casquette soulève la couverture, la fille se penche plus près… Elle tient fermement sa machine à deux mains – même d'où je suis, je jure qu'il y a de la fureur dans ses yeux. Ne me dites pas qu'elle va le…

Oh la vache ! Qu'est-ce que je fais qu'est-ce que je fais qu'est-ce que je fais ?

8. la rate des villes et les rats des champs

Le bruit strident s'amplifie. Je distingue nettement la machine qui s'approche de moi – comme une énorme scie circulaire qui tourne à toute vitesse. La fille aux cheveux châtains sourit d'un air sadique. La lame s'approche, s'approche. Elle n'est plus qu'à quelques centimètres. Elle tourne, elle tourne, ça y est, je la sens qui me frôle le visage…

– Aaaahhhhh !

Je me réveille en sursaut, le souffle haletant.

Un cauchemar.

C'était un cauchemar. Tout doux. Là. Tout va bien. C'était un cauchemar, Léa. Je me calme comme je peux. Les draps sont mouillés. Me dites pas que j'ai… ? Non, ça va, j'ai juste transpiré.

Je me redresse dans le lit. J'ai le front trempé et les dents qui tremblent. Logique : je viens de faire le pire cauchemar de ma vie, je crois. Sauf qu'en reprenant mes esprits je réalise que tout ça est bien réel : le hangar, les bandits, la machine infernale… Toutes les images d'hier soir me reviennent.

Je me suis enfuie. J'aurais dû intervenir, mais j'ai eu peur qu'ils me passent moi aussi à la moulinette électrique. Alors j'ai pris mes jambes à mon cou et j'ai couru sans m'arrêter jusqu'au gîte, j'ai claqué la porte d'entrée, j'ai avalé les escaliers quatre à quatre et je me suis enfouie sous les couvertures.

Ouf. En sécurité.

Là, j'ai entendu ma mère appeler mon père au téléphone :

– Ça y est, elle est rentrée.

Puis elle est montée me voir dans la chambre. Elle s'est assise sans un mot. J'ai sorti la tête de sous la couverture et on s'est regardées. Elle n'a pas posé de question. Je ne lui ai pas reproché sa gifle. Comme un pacte.

– Je vais te faire couler un bain, elle a murmuré. Tu grelottes.

Je suis restée une bonne demi-heure dans l'eau bouillante. À me demander s'il fallait que je lui parle de ce que j'avais vu. Mais j'étais si fatiguée qu'en sortant de la baignoire je me suis écroulée sur le lit… Jusqu'à me faire réveiller en sursaut par ce terrible cauchemar.

*

J'attends que la sueur sèche avant de m'habiller. Je regarde par la fenêtre. Il ne pleut plus et le ciel est d'un bleu immaculé. Je vérifie sur mon téléphone : le réseau est revenu ! Je vais pouvoir appeler Justine. Je descends.

En bas, ma mère fait sauter des crêpes. À peine suis-je assise qu'elle m'en sert une en m'embrassant comme du bon pain.

– Tu as vu comme il fait beau ? Papa est parti se baigner.

J'ouvre des yeux ronds : à Paris, on n'arrive guère à le traîner à la piscine, et le voilà qui part barboter. Quant à ma mère, elle croque sa tartine comme si de rien n'était. Leur fille échappe à la mort et ils prennent ça à la légère ! Ça mérite de la faire culpabiliser. Un peu.

– Ch'ai failli pas revenir, tu chais, j'annonce la bouche pleine de crêpe.

– Comment ça ?

– Des gens m'ont trouvée.

Elle mord à l'hameçon :

– Des gens ?

– Deux femmes assez vieilles dans un fourgon.

Ça marche, elle flippe. J'enchaîne :

– Au début, je ne me suis pas méfiée, tu vois, j'ai cru que c'étaient des bonnes sœurs qui voulaient me recueillir dans un orphelinat – ça ressemblait à un château, mais en plus petit...

Son sourcil se lève, signe qu'elle est intriguée. Je poursuis sur ma lancée.

– Là, elles m'ont enfermée dans la cave pour faire de moi leur servante : je devrais tout faire en échange d'un quignon de pain par jour.

– Comme Cendrillon ?

– Sans la marraine ni la pantoufle.

Ma mère réfléchit un instant. Elle me ressert un jus d'orange puis me lance :

– Tu sais, tu aurais dû accepter.

– D'être leur esclave ?

– Oui. Tu te serais *beaucoup* moins ennuyée qu'avec nous, du coup.

Bon, OK, elle ne me croit plus. Je crois qu'elle regrette ses crêpes, même. Je tente le tout pour le tout :

– En fait, elles voulaient me vendre à des riches étrangers, alors je me suis fabriquée une corde avec mes draps pour m'enfuir.

Ma mère soupire.

– Elles ne t'ont pas prélevé un organe, au moins ?

Là, c'est moi qui angoisse.

– Pour le revendre ? T'es dégueulasse de me dire ça.

– Ça nous aurait remboursé les vacances.

Sa tête, en me disant ça ! Ah, elle n'est pas peu fière de sa réplique… Quelle idée j'ai eue aussi de lui raconter des bobards ! C'est dingue, je ne peux pas m'en empêcher. J'ai complètement loupé le coche, maintenant, jamais ils ne croiront à mon histoire de hangar du crime.

Limite vexée, je m'esquive dans le jardin pour m'asseoir dans l'herbe et je reste là à rien faire, histoire de montrer que je m'ennuie toujours autant – mais même moi ça commence à me lasser, de m'ennuyer. Au bout d'un temps interminable, mon père revient les cheveux mouillés, heureux comme tout. Ma mère le rejoint et ils me proposent une balade sur la plage. Je refuse poliment.

– J'ai ma pièce à écrire.

On verra s'ils font les malins toute une journée sans moi. Mais ma mère se contente de hausser les épaules. Elle attrape le bras de mon père et l'entraîne vers la rue.

– Et moi je reste là comme une nouille ? je dis.

Mon père se veut compréhensif :

– Le réseau est revenu, appelle Justine avec mon portable.

Ma mère enfonce le clou :

– Tu pourras lui narrer tes exploits. Et écrire ton chef-d'œuvre.

Je crois qu'elle m'en veut… En claquant le portail, elle me décoche le coup de grâce.

– Et tu feras la vaisselle, aussi. Merci !

9. alerte enlèvement !

– Mais pourquoi tu ne veux pas aller voir la police, enfin !

Allongée dans le canapé, j'éloigne le téléphone deux secondes de mon oreille, histoire de faire le vide dans ma tête. Et je réexplique à Justine pour la énième fois :

– Imagine, je vais voir la police. D'accord ? Ils vont me demander ce que je faisais là.

– Tu t'abritais de la pluie ?

Justine a réponse à tout, c'est agaçant. J'esquive :

– Pas crédible ! Ils peuvent très bien me mettre en prison pour effraction.

– Vas-y, la fausse excuse. Rester les bras croisés ça fait de toi leur complice, tu sais.

– Mais je n'ai rien fait.

– Justement.

Bon, c'est peine perdue : Justine refuse d'essayer de me comprendre. Je lui raccroche au nez, ça lui fera les pieds. J'attrape la première feuille qui passe et je griffonne :

BILAN DE MA VIE

Implication dans une grave affaire judiciaire (kidnapping & meurtre potentiel)

Solutions :

- *Tout avouer à mes parents. IMPOSSIBLE. Ils ne me croiront pas.*
- *Compter sur ma meilleure amie. IMPOSSIBLE. Pas fichue de se mettre à ma place.*
- *Réunir des preuves avant d'aller voir les gendarmes. TROP DANGEREUX ? Donc IMPOSSIBLE aussi.*

Me voilà bien avancée…

J'essaie de travailler sur la pièce, rien de rien, je bloque. Je finis par faire la vaisselle.

*

Au déjeuner, j'hésite à dire la vérité aux parents. Mais ma mère serait trop contente que j'aie besoin d'elle. Et de toute façon une seule chose l'obnubile : MANGER. On est encore à table qu'elle trouve déjà moyen de parler bouffe :

– C'est quand même ridicule de manger des légumes de supermarché quand tu es à la campagne.

Elle déballe tout un fatras de prospectus récupérés à l'Office de tourisme, qu'elle commence à éplucher en buvant son café. Biscuiterie artisanale, visite de cidrerie, excursion pêche à pied, y en a pour tous les goûts. Comme mon père est super gourmand, pire que moi, je peux vous dire qu'il dévore avidement chaque brochure :

– Ce serait chouette de trouver du lait et du fromage, aussi.

Ma mère finit par en pointer une du doigt :

– Eh bah tiens, c'est parfait, ça. Cueillette de 14 h à 18 h. On pourrait faire le plein.

Papou survole le bout de papier : un panier garni sur la tête, une vache toute jouasse fait coucou de la patte. Il me tend la feuille en me demandant :

– Tu viens avec nous ?

– J'ai ma pièce à finir, je dis.

Ma mère m'arrache le truc des mains. Je crois que je l'agace…

– C'est la seule phrase que tu sais dire ? Écoute, tu restes si tu veux, mais nous, on ne va pas se gâcher les vacances uniquement parce que « Madame » n'en fait qu'à sa tête.

Puis elle décroche des paniers en osier du plafond et tous les deux partent se brosser les dents en chantonnant. Contents d'aller cueillir des légumes ! Et pourquoi pas s'habiller de peaux de bêtes, tant que vous y êtes ?

J'essaie de me remettre à l'acte II de ma pièce de théâtre – comment les deux sœurs essaient de zigouiller le corps alors qu'il bouge encore –, mais j'ai perdu le goût. Là encore, le vide absolu. Je suis partie pour me morfondre tout l'après-midi… Si au moins j'avais un petit frère, j'aurais pu jouer avec lui – ou le taper.

Alors zou, je ravale mon orgueil et je crie :

– Papou ! Ariane ! Je viens avec vous.

Ma mère se renfrogne : elle n'aime pas que je l'appelle par son prénom. Mais mon père sourit. Il ferme le portail derrière moi et s'avance sur la route.

– Ben, on prend pas la voiture ? je demande.

– La ferme est juste au bout, tu vois le grand hangar en tôle ?

Je sens une bourrasque : « Chhh-ouhou-chhh ! »

– Mais tu connais déjà, non ? dit-il en me décochant un clin d'œil.

C'est pour ça qu'ils ne sont pas partis à ma recherche ! Ils m'ont vue par la fenêtre rejoindre le hangar. Mon père est goguenard, content de lui.

– On fait la course ?

Il démarre en trombe. Je suis prise au piège.

10. dans la gueule du loup. Aouhhh !!!

Je n'en mène pas large. Plus la silhouette du hangar se rapproche, plus mes jambes flageolent. J'essaie de me rassurer comme je peux : ces gens-là ne peuvent quand même pas trucider tout ce qui bouge.

Et si cette histoire de cueillette était un traquenard ? Une ruse pour attirer les touristes dans le hangar ? Et couic sous la couverture, et bam un coup de bâton, et zig-zig la machine infernale.

Mon père contourne le bâtiment – la porte qui grince est fermée à clé. Étrange… Dans la cour, un chien miteux dort à moitié. C'est peut-être une feinte, j'ai l'œil partout et je me retourne sans cesse pour vérifier que personne n'arrive par-derrière. Ma mère tape à la porte, mais rien. Juste le chien qui se gratte l'oreille. De la poussière vole un peu. Je n'aime pas ça, je n'aime pas ça. Tout est calme, trop calme.

– Bon, soyons pas nigauds, dit mon père, on va aller voir dans le champ là-bas.

Je devrais leur dire : « Stop ! Arrêtez ! Faisons demi-tour, je veux me baigner, j'adore la plage, finalement. » Mais les mots restent coincés dans ma gorge. Et Papou s'avance déjà vers un bosquet. Mon Papou... Derrière, le champ commence, loin de toute habitation... AH ! LÀ ! Une silhouette surgit de nulle part. Je retiens un cri. Adieu, monde cruel...

Mon père continue, la silhouette grandit, grandit... On ne voit pas bien, elle est à contre-jour. Plus que quelques mètres. Dix mètres. Huit mètres. Six mètres...

La silhouette soulève son chapeau. Fausse alerte, ce n'est ni Sadique aux cheveux châtains, ni Petit à moustache – ou alors ils sont bien déguisés. Non, à la place, une fermière aux cheveux frisés nous sourit, toute joviale.

– Bonjour ! Vous venez pour la cueillette ?

Ben non, pour voir le pape, banane. Pardon, ça m'a échappé.

Mon père acquiesce et moi je sursaute : un homme vient de sortir du bosquet. Il a un bob sur la tête, j'ai cru que c'était Balèze à casquette. Il nous lance :

– Trop tard, on ne vous a rien laissé !

Ils sont plusieurs, en fait ! Les feuilles s'agitent et une femme apparaît. Elle rigole et enchaîne avec un accent bizarre :

– Mais y a le Super U !

Et là, tout le monde rit, surtout les deux garçons qui étaient derrière leur mère et me regardent comme s'ils n'avaient jamais vu de T-shirt avec une licorne zombie dessus. On se salue et la fermière enchaîne :

– Vous savez ce que vous voulez ?

Mes parents répondent d'une seule voix :

– Un peu de tout.

Télépathie, je vous dis.

– Eh bien là on est sur les rames de petits pois. Sinon, j'ai de la carotte, du poireau, du radis, de la salade. Pour les cardes, je vous montrerai, c'est dans une autre parcelle. Ah, et j'ai de l'artichaut aussi !

Vu l'air réjoui de mes parents quand elle a prononcé le mot artichaut, je sais quoi leur offrir à Noël. La fermière nous désigne un bout de rang. Le père de la famille neuneu fait un jeu de mots pas drôle, le fils aîné se sort un mickey du nez : ça promet d'être sympa, l'après-midi aux champs.

Au moins hier y avait de l'action.

11. les toilettes de tous les dangers

Le soleil tape dur et on est obligés de boire régulièrement. Mes parents cancanent joyeusement en cueillant leurs pois. De mon côté, je suis chargée d'arracher les radis dont la tête dépasse, signe qu'ils sont assez gros.

Je me remue les méninges : la famille qui sourit à tout bout de champ, la fermière digne d'un film de vieux, les discussions banales à propos d'où on vient – Paris, Strasbourg, le Cotentin – pour mieux noyer le poisson. J'ai vu ça dans des films. Des sortes d'usines high-tech qui abritent un virus mortel de la NASA ou des bases extraterrestres qui servent à chasser les humains et à s'en nourrir. Mais, en apparence, tout donne l'illusion d'un camping ordinaire. Bingo. Tout ça, c'est une couverture, une mascarade pour nous empêcher de voir ce qui se trame vraiment dans le hangar.

N'importe qui croirait à un règlement de comptes banal entre fermiers. Mais je ne suis pas dupe. Ce que j'ai vu hier n'est qu'un mince aperçu de la réalité. Ces gars-là agissent à grande échelle. Justine a raison, je ne peux pas rester les bras croisés.

Bilan de ma vie, 3e possibilité :
réunir des preuves.

Je rejoins ma mère, mon panier de radis plein à ras bord.

– J'ai envie de faire pipi.

– Viens, on va aller derrière un buisson.

– Non, je veux des toilettes.

Ma mère me jette un regard agacé. Tenir bon.

– C'est la grosse commission ?

– Voilà, c'est ça.

La honte, obligée de lui mentir pour qu'elle me laisse inspecter le hangar et – qui sait – élucider le fin mot de l'histoire.

– Madame Hébert ? Léa peut emprunter vos toilettes ?

Oui, ben ça va, c'est bon, pas la peine de le crier sur les toits.

La fermière, Mme Hébert, donc, m'indique le chemin. Je fais signe que je suis assez grande pour me débrouiller. Zou ! Je rejoins la maison.

Crépi blanc qui renvoie la lumière, un étage en mansarde et une sorte de marquise en verre jaune dépoli : j'imprime les images pour une éventuelle déposition au commissariat. Puis j'entre en poussant tout doucement la porte. Carrelage mosaïque à petits carreaux, papier peint coquille d'œuf et almanach de La Poste, motif paysages de montagnes, accroché au mur. Aucun bruit, sauf une mouche hagarde. Je referme la porte et j'avance dans le couloir, m'attendant à voir surgir à tout moment l'un des trois bandits d'hier. Au pire, je crie.

Salon. Rien.

Cuisine. Pas de traces de sang.

Toilettes. Neutre. Je déroule du papier et pulvérise du désodorisant muguet, histoire d'avoir un alibi. Puis je retourne vers la baie vitrée du séjour en guettant s'il y a quelqu'un.

Dehors, le chien ne bronche pas. La poussière vole. Et toujours personne à l'horizon.

De l'autre côté de la cour, une porte est découpée dans la tôle du hangar. Je ressors. Coup d'œil à droite. À gauche. Je traverse la cour en courant. J'agrippe la poignée. *Damn !* elle est lourde, ça doit être blindé, mais j'insiste : banco, la porte cède. Je me faufile et me voilà sur le lieu du crime.

Tout est comme dans mon souvenir. En un peu plus petit, peut-être. Les poules et les lapins sont à leur place, rangés comme au supermarché. La paille des vaches est toujours impeccable et le sol est propre, on dirait le carrelage de la cantine avant qu'on débarque le midi. Aucune trace de la couverture qui recouvrait le corps, ni de ce qui s'est passé hier soir. Même le néon ne clignote plus. Ah si, il clignote, au temps pour moi. Au bout du hangar, la grande salle vitrée. C'est par là que ça se passe. À mesure que j'approche, je distingue des instruments derrière la vitre. Comme des fils qui pendent du plafond, et des fioles en verre, aussi… Je tends le bras et m'apprête à baisser le loquet pour en avoir le cœur net quand je sens une main me saisir le poignet ! Pas le temps de réagir que déjà on me le plaque dans le dos pour m'immobiliser.

– Qui t'es ?

– Lâchez-moi ! je souffle.

La main resserre son étreinte. Je veux faire volte-face mais mon agresseur tient bon derrière moi. J'essaie de me débattre.

– C'est interdit d'aller là.

– Je vais nulle part.

Ah la vache, il me tord le coude, je commence à avoir vraiment mal. Je tente :

– Lâchez-moi ou je CRIE !

Tant pis si ça risque d'alerter ses complices. Mais rien à faire, il tient bon. Me revient soudain une prise d'autodéfense apprise avec Justine dans une vieille VHS de sa mère. Je dois pouvoir y arriver. Je respire un grand coup, je fais diversion en parlant beaucoup…

– Lâche-moi lâche-moi ou je crie, lâche-moi t'as pas le droit c'est contraire aux droits de l'homme…

Et bim bam, je donne un grand coup de talon, je me retourne et de toutes mes forces je le pousse en arrière. Gagné ! Le gars se retrouve à terre, sonné. Le premier truc à portée, c'est une fourche, je l'attrape et je la plante dans un des gros sacs, là, à deux doigts de son oreille.

VICTOIRE !

COMMENT SE DÉFENDRE AVEC UNE FOURCHE
MATERIEL REQUIS
UNE FOURCHE
UNE VHS DE SELF DÉFENSE
SELF DÉFENSE
UNE VOLONTÉ D'ACIER
Fig. 1
BLA BLA BLA BLA BLA BLA BLA BLA BLA BLA BLA
Fig. 2
Fig. 3
Fig. 4

Fig. 5
Fig. 6
Fig. 7
Fig. 8
VICTOIRE

Dingue : le gars a mon âge, un peu moins, même. Je m'attendais à un adulte à biscotos. Mais, en fait, il est presque maigrichon, la peau mate avec de grands yeux bleus effarés. Il tourne la tête vers la fourche et veut ouvrir la bouche, mais je lui cloue le bec :

– Tu cries, ce sera pas dans le sac, la fourche.

Mince, il se met à pleurnicher, j'y suis peut-être allée un peu fort. Si c'est ça le gang des assassins, trop facile de leur foutre la trouille. Appelez-moi Superwoman !

– Pourquoi tu m'as attaquée ? je demande bravement.

– Je croyais que tu étais une voleuse.

Je fais mon offusquée :

– Je viens cueillir des légumes. T'es qui, d'abord ?

– Dans le hangar ?

– Détourne pas la conversation. T'es qui ?

– Ben Paul.

– Paul qui ? j'insiste.

– Ben Paul Hébert. C'est à mes parents les légumes.

Réflexion faite, c'est vrai qu'il ressemble à la fermière. Tout frisé lui aussi. Mince. Faudrait pas qu'il me dénonce. Je passe vite à autre chose :

– Bon. Paul. Je cherche les toilettes. Qu'est-ce que j'y peux, moi, si à la campagne vos maisons ressemblent à des hangars, et vice versa.

Oui, bon, c'est tout ce que j'ai trouvé comme excuse. Je lâche ma fourche et je l'aide à se relever.

– La maison est en face. Les waters sont au bout du couloir, il me dit.

– Tout au fond ?

Faire semblant de découvrir l'information pour éviter de se faire démasquer… Bien joué, Léa. Il acquiesce. Je file vers la maison puis retourne fissa voir mes parents – pas envie qu'on croie que je suis restée tout ce temps aux toilettes. Ma mère en est à s'extasier devant un chou-fleur. Je lui fais signe que tout va bien. Mais mon enquête est un échec…

12. la campagne, ça vous gagne...

Bon, j'avoue, j'ai passé un chouette après-midi.

M'ont bien fait marrer, les Alsaciens, avec leur accent. Celui qui se tirait les crottes du nez sait aussi raconter des blagues comme personne. J'ignorais que les mots choucroute et bretzel pouvaient être aussi drôles. On a tellement ri que j'ai renversé mon panier trois fois ! À la fin, on s'est quittés en s'embrassant comme du bon pain et ma mère a lancé à la cantonade :

– Et promis, on se voit très vite pour faire un barbec'-minestrone !

Elle qui ne fait jamais copain-copain d'habitude... Mme Hébert, la fermière, était ravie, elle aussi – elle nous a même offert un pot de miel. Puis on s'est dépêchés de déposer les légumes au gîte pour aller se baigner et se laver de la poussière. Après réflexion, j'aime bien la mer : ici, les plages sont belles, y a du sable à perte de vue, et surtout personne pour marcher sur ta serviette…

Là, j'écosse les petits pois sur la table du jardin en écoutant un truc marrant à la radio, *Les Divas du dancing*. Je n'avance pas des masses, car j'échange des textos avec Justine. Pas très pratique.

Moi : Donc je ne serai pas enlevée par des xtra-terrstres.

Justine : Ça on le savait déjà. Mais le gars, le Paul, là, il t'a rien dit ?

Moi : J'ai dû me tromper. Si une fillle de 10 an arrive a les maitriset…

Justine : Mais le cadavre sous la couverture ?

Moi : …C'est que c'ets pas des assassins bin méchants

Justine : LE CADAVRE ! Il a pas existé peut-être ?

Moi : Moi ausi g droit à des vacances.

Moi : LOT.

Moi : LOL pardon.

Justine : Ça me donne une idée pour la pièce…

Moi : ???

Justine : La sœur peut juste assister au meurtre de la voisine.

Justine : Mais elle garde le truc pour elle. Elle ne dit rien parce qu'elle considère que ce n'est pas son problème…

Moi : Et ?

Je mange un petit pois cru. Miam, trop bon.

Justine : Eh bien ça veut dire qu'elle est COMPLICE !!!

Justine : C'est pas plus compliqué que ça.

Justine : T'es là ?

Justine : Léa ? T'es là ?

13. la guerre de Troie aura bien lieu…

La machine s'approche, s'approche. Elle est à quelques centimètres. Elle tourne, elle tourne, ça y est, je la sens…

– Aaahhhh !

Je me réveille en sursaut.

La vache. Encore le cauchemar.

Bon, faut que j'y retourne. Justine a raison : je ne peux pas faire comme si je n'avais rien vu. Paul n'a peut-être rien à voir dans l'histoire. Il a cru que je volais des fraises, il a pris peur. Mais ça ne m'explique en rien ce qui s'est passé dans le hangar le premier soir.

Mon père est déjà parti pour sa baignade et ma mère est de bonne humeur : ce matin, c'est œufs brouillés bacon. J'ai besoin qu'elle me laisse le champ libre :

– C'était hypra bon, les petits pois !

Bingo. Son sourire illumine toute la pièce. Elle devrait s'octroyer des vacances plus souvent.

– Ah, quand ça vient de la campagne, ça n'a pas le même goût, hein ! Je t'en referai.

– Ce midi ?

Elle vérifie dans le frigo.

– Ah ben non on a tout fini.

– Je peux retourner en cueillir, sinon.

Ma mère me regarde bizarre. Elle se demande où est l'entourloupe. Faut dire, vu comme j'ai traîné des pieds hier pour aller aux champs… Je fais mon sourire d'ange.

– Tu y vas toute seule alors, j'avais envie de bouquiner.

Je fais oui de la tête.

– Je te laisse prendre des sous dans mon porte-monnaie.

Trop fastoche. Je sautille jusqu'au hangar. La porte est ouverte, mais je me retiens d'entrer et je contourne le bâtiment. Plus le droit à l'erreur, cette fois, impossible de prétexter que je cherche les toilettes. Non. J'ai bien réfléchi, ma tactique, désormais, c'est piéger Paul avec un cheval de Troie. Ça ferait plaisir à ma prof, Mme Chevrol, ça…

14. interlude : Mme Chevrol est toujours une cagole...

Rebelote, moi, debout sur l'estrade.

L'histoire du cheval de Troie dans l'odyssée d'Ulysse :

– *Pâris était amoureux de la belle Hélène. Il décida de l'enlever...*

À peine j'ai commencé que Mme Chevrol fait des siennes :

– C'est la femme de qui ? Hélène ?

– Ah oui, la femme de Ménélas.

Donc il existe des parents qui appellent leur fils Ménélas... Mme Chevrol a l'air de trouver ça normal. Elle sourit :

– Bien. Continue, Léa.

Oui, donc, je reprends. Merci de m'avoir interrompue, biquette :

– *Pâris décida d'enlever Hélène chez lui à Troie. Pour la récupérer, Ménélas et Agamemnon* (poil au menton !) *déclarèrent la guerre à Troie. Mais la ville était protégée par de hautes murailles* (le truc, c'est *Game of Thrones*, en fait). *Les Grecs encerclèrent la cité et le siège dura des années.*

Mme Chevrol prend des notes. Dois-je lui rappeler qu'elle la connaît, l'histoire ? Mais bon. Je continue :

– *Au bout de dix ans, Ulysse imagina un plan : un gigantesque cheval en bois. Les soldats se cachèrent dedans et laissèrent le cheval à l'entrée de la ville.*

– Quelle ville ?

Aïe. Mme Chevrol est hyper forte pour nous piéger. J'hésite en cherchant à comprendre ce que Justine me souffle :

– Euh, Athènes ?

Toute la classe éclate de rire. Merci la honte. Je corrige illico :

– Troie ! Bien sûr ! La ville de Troie.

Elle me fait signe de poursuivre.

– Pensant que c'était un cadeau, les Troyens tirèrent le cheval à l'intérieur. Pendant la nuit, Ulysse et ses compagnons en sortirent pour ouvrir les portes de la ville. Les Grecs remportèrent la bataille, tuèrent les guerriers et firent des autres leurs esclaves.

– Et Hector ? Et Achille ?

Quand je vous dis qu'elle adore nous piéger.

– Non ? Vraiment rien ?

– Désolé, madame, je ne me souviens plus.

– Allez, ce n'est pas grave, retourne à ta place. C'est bien.

7,6/10. Et sans faire les yeux de chaton. Pas mal. À l'époque, je ne pensais vraiment pas que tout ça me resservirait un jour. Mais la preuve que si.

15. la guerre de Troie aura bien lieu... la suite

Tactique du cheval de Troie à ma sauce :

Faire la gentille pour détourner l'attention.

Objectif :

Amadouer Paul, histoire d'avoir le champ libre et de pouvoir accéder à toute la ferme pour collecter des preuves.

Paul est là qui caresse le chien. La cour est déserte, sinon. Toujours cette poussière qui vole et pique les yeux. Je m'approche discrètement :

– Salut.

Il se lève d'un bond et recule.

– Je m'excuse pour hier. Mais tu me faisais mal aussi, je lui fais remarquer.

– J'aurais pu te dénoncer.

Je lui souris, l'air entendu.

– Pour que je dise à tes parents que tu agresses les clients ?

– Tu veux quoi ?

Je brandis mon panier en lui répondant :

– Des petits pois !

– La cueillette, c'est l'après-midi. Et ma mère est à Cherbourg.

Je lui fais les yeux de chaton-cheval-de-Troie mouillé.

Il hésite. Je miaule dans ma tête.

Gagné, il me fait signe de le suivre jusqu'au champ. Le chien trottine après nous. Méfiance quand même : tout a l'air trop paisible, ça cache forcément quelque chose.

– Faut prendre les cosses bien rondes.

J'éclate de rire.

– T'inquiète, je sais.

– Bon, ben je te laisse.

Il s'éloigne penaud. Je l'arrête :

– Tu ne veux pas m'aider ?

– Ben, logiquement c'est aux clients de faire la récolte.

– On ne dira rien. Et puis, t'avais un programme ?

Je désigne le chien.

– Il s'appelle Toby, m'informe Paul.

Ça me fait une belle jambe. Et Paul est bien obligé d'admettre que c'est plus drôle d'être avec moi que de caresser son toutou pendant des heures. On entame la cueillette.

L'air de rien, je le questionne sur les activités de la ferme, sur ce qu'ils font en plus des légumes. Apparemment pas mal de moutons – des agneaux de prés-salés –, mais aussi quelques vaches (ça, j'ai vu, merci), des fraises, et des pommes (j'suis poursuivie par les pommes !) pour faire du cidre.

– Toutes les spécialités du coin, en fait.

À nous deux, mon panier est plein très vite. Paul a l'air déçu que je reparte déjà. Il prend ma pièce de deux euros et me demande :

– T'es pressée ?

– Ça dépend.

– Tu veux que je te fasse visiter ?

– Je croyais que c'était interdit.

Il hésite un instant puis me tend la main :

– Bon, on enterre la hache de guerre ? Si tu dois venir tous les jours…

– Tope-là, je dis.

Les Troyens tirèrent le cheval à l'intérieur…

16. à qui profite le crime ?

Pendant la visite, j'ai l'œil partout. Du sang, une arme, n'importe : il me faut une preuve. De son côté, Paul est ravi de me montrer combien son père est un fermier moderne.

Les serres, d'abord : une sorte d'immense aquarium en verre où une multitude de paniers sont suspendus à des filins.

– Mais la terre, elle est où ? je demande.

Paul fait descendre une barquette avec une manette. Une graine a germé dans une sorte de bouillie verte.

– C'est une solution organique. Ça leur apporte de l'engrais et des nutriments. Et la tomate pousse sans maladie.

– C'est génial (mais pas très naturel...).

Pareil pour les cocottes et les lapins du hangar, des farines spéciales leur évitent d'aller se salir dehors – je comprends à quoi servent les gros sacs bleus avec les pictogrammes. Du coup, ils mangent dans le hangar et ne voient jamais le jour. Et la mystérieuse salle vitrée est en réalité une salle de traite high-tech.

– Mon père sait en temps réel combien de litres les vaches produisent.

On se croirait dans l'album de Picsou avec la ferme magique. Qu'il m'annonce qu'elles écoutent du Mozart et ça ne m'étonnerait même pas.

Toute fascinée que je suis par cette exploitation agricole du futur, j'en oublie mon cadavre et l'enquête. Et la visite est déjà terminée ! Paul m'a bien eue sur ce coup-là. J'ai complètement raté mon cheval de Troie.

Au moment de partir, je remarque une petite cabane, comme un appentis, à moitié cachée derrière une touffe de buissons. Chaque fois, je me suis concentrée sur le chien – chargé de garder l'entrée ? – sans m'apercevoir qu'il y avait autre chose derrière. Je contourne Toby, et là ! je la vois ! La couverture du premier jour. Celle qui a servi à masquer le corps. Ramassée en boule devant la porte !

Du calme, Léa, du calme. Prends ta voix la plus neutre possible :

– Et ça, c'est quoi ?

Paul me regarde, interdit.

– Là y a rien pour vous ! tonne une voix dans mon dos.

Je me retourne. Oh la vache ! Petit à moustache ! En chair et en os. Là. C'est lui. En plein jour ! Qui a assommé le corps avec un bâton, j'en suis sûre, je le reconnaîtrais entre mille. Je me retiens de hurler – il n'est pas supposé savoir que j'ai tout vu. Et je dis de ma voix la plus calme possible :

– Bonjour monsieur.

Il s'allume une cigarette et me toise méchamment de ses yeux bleus perçants. J'ai le cœur qui bat à cent à l'heure. Il se tourne vers Paul.

– Je t'ai dit déjà, l'appentis, tu n'y vas pas à cause des frelons, je ne veux pas vous voir par là.

Bizarre, la manière qu'il a de prononcer le mot « frelons ». Est-ce qu'il se doute de quelque chose ?

– Ce n'est pas sa faute, monsieur. Il me faisait visiter.

– Ah, il t'a montré les serres.

Oui de la tête. Il tire sur sa cigarette. Recrache la fumée :

– C'est nouveau de cette année. C'est grand, hein !

– Ça doit coûter cher ? j'improvise.

Regard suspicieux. Oups, mauvaise pioche. Heureusement, Paul vient à ma rescousse :

– Léa est venue ramasser des petits pois.

Regard de chaton innocent.

– Je suis en vacances au gîte avec mes parents.

– Ah, chez les Duval ? C'est rigolo, la déco, hein ! Paul, Maman m'a appelé, elle rentre pas ce midi, c'est moi qui te fais déjeuner. On y va ?

Paul semble déçu. Il me tend la main :

– Bon, eh bien salut, Léa. Ça va aller pour porter les petits pois ?

Je plie le bras pour gonfler mes biscotos. Et même si j'aurais bien envie de fureter du côté de l'appentis, je décampe sans demander mon reste.

17. journal de bord d'une survivante

Havre de Portbail, Cotentin. Mercredi 22 avril. 5e jour des vacances de Pâques.

Je m'appelle Léa Chazarin.

Ceci est la première entrée de mon journal de bord.

Je suis arrivée sur le terrain opératoire du gang des kidnappeurs – que nous appellerons « Zone Zéro » – il y a précisément 91 heures. Mon rythme cardiaque est normal. Ma respiration aussi. Je fais des cauchemars la nuit – choc post-traumatique dû aux événements auxquels j'ai assisté sans le vouloir.

Dès le premier soir, j'ai surpris sur le fait le « Gang », communauté disparate qui se compose de :

Petit à moustache. Alias M. Hébert. Le chef. C'est chez lui que se déroulent les opérations. Il est le père de notre informateur.

Balèze. Grand, musclé. Plus jeune. Coiffé d'une casquette. L'homme de main chargé d'enlever les victimes ?

Filasse. Sadique aux cheveux châtains, dite « La Dentiste ». Signe particulier : elle est armée d'une machine infernale, sorte de scie circulaire qui lui sert – c'est une hypothèse – à découper ses victimes.

Le Gang recense au moins deux complices identifiés :

Fermière. Alias Mme Hébert. Femme de Moustache. Joufflue et frisée. Sert de couverture au Gang en accueillant les touristes dans des champs poussiéreux, alors que le reste de la ferme est ultramoderne.

Le « Troyen ». Paul. Mon informateur potentiel. Complice ? Innocent ?

– À table !

– J'arrive.

Cet après-midi, jour 5 de ma mission, je repartirai en exploration sur la trace du « Kidnappé/ Victime n° 1 », que je n'ai…

– À TABLE, J'AI DIT !

– C'est bon, Ariane, j'arrive !

18. Paul à la ferme

Mon nouveau plan d'attaque est simple : pour accéder à l'appentis, il faut que je convainque Paul que nous sommes tous les deux du même bord – un peu comme dans *Avatar*, quand la cheftaine des humains essaie de sauver les Schtroumpfs de l'espace.

Je retourne sur place, mais cette fois sans mon panier – je viens jouer, « en amie ». Paul sourit, il est aux anges en m'apercevant : et pour cause, ça fait neuf ans qu'il s'ennuie !

Son père est reparti. J'ai le champ libre. Un seul détail me chiffonne : pendant le déjeuner, la couverture qui était devant la porte de l'appentis – celle du kidnapping – a disparu ! Pfft, envolée. Son père est-il déjà repassé à l'action ? Je dois agir vite.

Tout en grattounant, l'air de rien, les oreilles du chien, je ruse :

– T'as déjà fait des bêtises ?

– Comment ça ?

– À la ferme, je veux dire, t'as déjà fait des choses que tu n'aurais pas dû ?

Il essaie de se souvenir :

– Une fois, j'ai arraché un fraisier en pensant que c'était une mauvaise herbe.

– Ah…

Pas sûr qu'il entre au livre des records avec ça. Mais ça me permet de dégainer :

– Moi j'ai déjà attaché toute une nuit la babysitter à un radiateur…

Ça l'impressionne. Je le titille :

– Y a bien une bêtise pire de pire que tu rêverais de faire ?

Il glousse. J'insiste :

– Allez, dis-moi.

– Non, c'est bête.

– Justement ! *Bête ? Bêtise ?*

Il se demande s'il peut me faire confiance. Je crache par terre pour le rassurer. Il me chuchote alors à l'oreille ce qu'il considère comme son tabou insurmontable. J'adore son idée :

– Mais c'est GÉNIAL ! C'est LE super truc que personne n'a jamais osé faire. Je lui souris en grand. On y va ?

Même le chien me regarde avec les yeux ronds.

– Mais on peut pas, tempère Paul.

– Bien sûr que si, on peut. Allez zou !

Mon stratagème fonctionne. Le voilà tout excité à l'idée de réaliser la pire bêtise de sa vie. Je me précipite dans la salle de traite, Paul à mes basques. J'ouvre en grand la porte, je scanne la pièce et je grimpe sur un escabeau. J'attrape l'un des tuyaux réservés aux vaches et je lui lance :

– Tu surveilles ?

Il me regarde, estomaqué :

– Tu vas pas vraiment le faire ?!

J'éclate de rire en lui faisant signe de se retourner. Et j'imite le son d'un liquide qui coule :

– Glouglouglouglouglou…

19. vers l'infini et au-delà...

– Allez à toi, maintenant !

Il trépigne.

– Chacun son tour, je l'encourage.

Trop fortiche, Super-Léa. Tout seul, jamais il n'oserait faire un truc pareil. Mais grâce à moi il découvre la vraie vie. Je me poste à la porte tandis qu'il monte à son tour sur l'escabeau. Il s'empare du tuyau, et là j'entends :

– Glouglouglouglouglouglouglou…

Il l'a fait ! Le bruit expire. J'entends Paul qui remonte sa braguette et qui me dit :

– Ça y est !

Je me retourne dans sa direction. Qu'il est drôle, juché là-haut. Électrisé par ce qu'il vient de faire : pipi dans la cuve à lait ! La bêtise qu'il n'aurait jamais imaginée réaliser un jour ! Un peu de liquide jaune s'écoule déjà dans le petit réservoir en verre, je grimace :

– Ah, t'es trop dégueulasse.

Mais j'applaudis des deux mains. Il faut profiter de l'énergie et continuer sur notre lancée. Je cours vers l'énorme tracteur rouge et or, je grimpe les échelons du marchepied et je me poste aux commandes.

– Vers l'infini et au-delà !

Il est encore plus énervé que moi, il s'accroche au rétroviseur avec le bras et se met à klaxonner comme un maboul. Ça résonne dans tout le hangar. Les vaches se mettent à meugler, toujours plus fort. Un grabuge d'enfer ! Paul est si excité qu'il finit par arracher le rétro, qui lui reste dans les mains. Il me regarde, horrifié, moi je m'esclaffe et je repars en direction de la cour. D'expérience, je connais la règle d'or des vraies bonnes séries de bêtises dont on se souvient toute sa vie : ne surtout pas s'arrêter ni réfléchir. Toujours enchaîner ! Vers l'infini et au-delà !

En passant, j'ouvre un clapier au hasard, j'en sors un lapin et je fais s'envoler une poule qui retombe sur ses pattes. Paul se met à son tour à ouvrir une bonne demi-douzaine de clapiers. Ça caquette dans tous les sens. Il fait un bisou à chaque lapin avant de les jeter en l'air en hurlant :

– Vive les lapins libres !

Le kif. Il est euphorique. C'est le moment. Je me précipite vers la cour, et là, en tirant les oreilles de Toby, je hurle :

– La chasse ♫♫ aux ♩ frelons ! ♫ Sus à ♪ l'appentis !

Paul se fige.

20. tire la chevillette, la bobinette cherra

– STOP !

Houlà. Il rigole plus du tout, mon Paulo. Saccager les fraises, le lait, les lapins, oui, mais les frelons…

– On n'a pas le droit.

Je lui décoche un sourire narquois.

– Tu veux que je répète ce que tu viens de faire dans la laiterie ?

Oui, je sais, pas très sympa de ma part. Mais je n'ai pas le choix.

– Toi aussi, tu seras punie.

– Je suis innocente, Monsieur le juge. La preuve, le lait est resté blanc.

– Menteuse ! Je t'ai entendue.

Je mets mon doigt dans ma bouche et j'imite le bruit du ruissellement, comme je l'ai fait il y a cinq minutes en haut de l'escabeau.

– Glouglouglouglouglou.

Paul devient rouge comme une pivoine – oui, j'ai fait semblant, lui seul est coupable –, ça me met en position de force. Il tente de reprendre le dessus :

– Je le dirai à tes parents !

– De quoi, que j'ai klaxonné ? je fais en levant les yeux au ciel. Aïe, j'ai peur.

Je m'avance vers l'appentis. Le chien grogne un peu.

– Arrête ! me crie Paul.

J'ai la main sur la poignée, il est désemparé :

– Mais les frelons !

– Les frelons, ça fait des gros bzzzz. S'il y en avait, on les entendrait.

Je crois qu'il pleurniche.

– N'entre pas, s'il te plaît. Il n'y a rien là-dedans.

– Dis-moi pourquoi il n'y a plus la couverture.

Paul blêmit. Si je m'inquiète de la couverture, c'est que je sais à quoi elle sert. Il comprend que l'heure n'est plus du tout à la rigolade. Il se précipite pour me passer devant – sans doute pour contrôler ce que je fais – et, avec précaution, il entrebâille la porte… Tout doucement… Il me fait signe d'entrer et referme derrière moi.

À l'intérieur, lentement, mes yeux s'habituent à la lumière… Et c'est là que je le vois.

21. journal de bord d'une survivante... la suite

Havre de Portbail, Cotentin. Mercredi 22 avril. 5e jour des vacances de Pâques – Le soir.
Retour de mission exploratoire.

Localisation :
Le hangar high-tech / Zone Zéro, dit « La Ferme ». Secteur « L'Appentis ».

Identifié :
Kidnappé/Victime n° 1 : un mouton – du moins, un mammifère présentant les caractéristiques d'un mouton. Regard un peu bête. Museau chaud – pas de contact tactile. Laine/pelage grisouille/

sale – couleur indéterminée. Tondu récemment, quelques taches de boue. Mal-en-point.

Déroulé des événements :

Ci-dessous, retranscription des dialogues échangés avec le contact privilégié, dit « Le Troyen » :

Moi : C'est ça ton frelon ?

Paul : C'est un mouton.

Moi : Je vois bien, mais qu'est-ce qu'il fait là ?

Paul : Tu diras rien ?

Je crache.

Paul : Il a la gale.

Quelle horreur ! J'ai failli le toucher !

Paul : Tu comprends pourquoi mon père veut pas qu'on vienne.

Moi : Et c'est pour ça qu'il est noir ?

Paul : Là, il est en quarantaine. Pour pas contaminer les autres.

C'te blague… Et dire qu'on a fait pipi dans le lait.

Paul : Tu diras rien, hein ?

Bilan de la mission :

La « Zone Zéro » s'est révélée être un leurre : aucun enlèvement ne s'y passe. Et les individus « Fermière », « Informateur » et « Moustache » sont en fait de simples fermiers soucieux d'éviter à leur troupeau d'attraper la gale. Personne n'a été tué. Ni blessé. Un mouton a été tondu. Fin de mission.

P.-S. : Attends les ordres sous peine de remourir d'ennui…

P.-S. 2 : Ça me gratte la tête. Prière d'envoyer antidote contre la gale.

22. la campagne, c'est toujours autant le bagne

ACTE III scène IV

La soeur 2 / Hélène est en train de ranger les morceaux de la voisine dans une malle. Elle a du sang plein le tablier… La Soeur 1 / Camille prépare le repas en fumant une cigarette.

La soeur 1 / Camille

Jamais je ne te pardonnerai.

La soeur 2 / Hélène

Mais j'ai fait tout ça pour toi, Camille. Pour qu'enfin il se passe des choses dans ta vie.

La soeur 1 / Camille

~~Ce n'est pas pour ça que tu l'as tuée !~~

Tu mens !

Je rature tout ce que je viens d'écrire – j'ai envie de déchirer la pièce, les scènes qu'on a validées avec Justine : tout me paraît tellement vain. J'ai été à deux doigts de résoudre un meurtre et voilà que je couche sur un cahier grands carreaux l'histoire quelconque d'une chamaillerie entre frangines. Et si j'écrivais plutôt un roman sur le triste sort des moutons malades ? Le fabuleux destin du mouton noir, la gale, tout ça.

Le fabuleux destin du mouton-galou

Il était une fois un mouton blanc devenu gris comme par magie. Non. Par maladie. Trilili. Poil au kiki. Je m'ennuie.

J'arrache la page et j'en fais une boulette. Soufflement de dépit. Mais personne ne m'entend.

Je suis chiffonnée comme la boulette : une pièce du puzzle cloche. Douze, même. Pourquoi avoir posé la couverture en évidence devant la porte avant de décider de la faire disparaître ?

Une fausse piste pour m'induire en erreur ? Et puis, à quoi peut-elle bien servir, cette couverture ? À ne pas toucher le mouton ? OK. Mais alors, dans quel but l'assommer ? Et puis, quelle idée d'agir en pleine nuit ? Dans le secret ?

J'appelle sur le palier :

– Ariane ?

Pas de réponse. Partis se baigner, les parents ? Sans moi ?

– Maman ?

– Oui, ma chérie ?

– Ça s'attrape comment, la gale ?

Pas de réponse. Je descends les escaliers quatre à quatre : en bas, mes parents reviennent tout juste du bourg, les bras chargés de victuailles. Ma mère me tend des magazines rose bonbon :

– Tiens, je t'ai acheté ça. Y a des jeux.

Ma mère… J'essaie de résoudre une enquête et elle ne pense qu'au farniente… Plage, popote et lecture. Je m'étonne :

– Des trucs de filles ?

– Oui, enfin, c'est juste des revues, pourquoi ?

– Tu m'as acheté des histoires de princesse avec des tests pour savoir ce qui plaît aux garçons et des astuces de maquillage ?

Déclenchez le plan Orsec, les gars. D'habitude, ma mère vomit ce genre d'absurdités qui rendent les filles neuneus.

– Donc, tu lis vraiment mes articles sur les stéréotypes hommes-femmes ? elle demande.

– Évidemment.

Ravie, elle est. Elle bazarde les magazines sur le buffet et me tend le journal local.

– Bon, là-dedans, il y a de vrais articles. Et demain je t'achèterai des magazines de grands.

À mon tour de lever les yeux au ciel – genre merci les « magazines de grands ». J'attrape une poignée de fraises, mon journal d'intellectuelle, et je file au jardin me coincer dans un transat.

Grosse déception : le canard est à l'exacte image des vacances, **L'ENNUI ABSOLU !** Et blablabla les gens sont morts, et blablabla le club des vieux et sa kermesse, et blablabla la charcuterie change de vendeuse, dans des bleds aux noms improbables... La Baleine, Montaigu-la-Brisette, Saint-Jean-des-Baisants !!! Je commence à regretter d'avoir dit non aux magazines *girly*, quand un article attire enfin mon attention.

BARACK A DISPARU

CÔTE DES ISLES. 23 avril.

L'éleveuse Anne Tudu tire la sonnette d'alarme : son bélier noir avranchin a disparu depuis trois jours. De taille normale, il a pour particularité d'avoir une laine noire à gris foncé par endroits. Et est immatriculé 2512.
Toute personne retrouvant sa trace est invitée à se présenter à la gendarmerie de PORTBAIL.

Si les premières pistes évoquent un simple mouton égaré ou noyé, l'éleveuse affirme que cette disparition pourrait bien masquer des motivations plus sombres : elle a en effet subi plusieurs menaces depuis l'introduction de ce spécimen particulier. *« C'est du racisme pur et dur »*, dénonce-t-elle. *« J'en appelle à tous les humanistes qui refusent que l'extrême droite dicte sa loi ! »*

Ça alors ! Mon mouton galeux a un nom : Barack ! Mais surtout, il n'appartient pas aux Hébert ! Petit Paul m'a menée en bateau sur toute la ligne.

Impossible d'en toucher deux mots à ma mère : elle se dépêcherait de me rappeler que je me fais des films : pour la baby-sitter attachée au radiateur, c'est que j'étais persuadée qu'elle était possédée par le Diable. Depuis, j'y vais mollo. Je me rabats sur Justine. Mais à peine décroché, Madame m'annonce qu'elle est à la piscine et ne peut pas me parler. Je poireaute deux longues heures avant qu'elle daigne me rappeler. Une fois la situation résumée, elle se montre dubitative :

– Donc, en définitive, tes meurtriers, ce seraient juste des voleurs de moutons, c'est ça ?

– C'est pas « juste » des voleurs. On a sans doute affaire à un trafic international.

– Tu crois pas que tu te fais des films ?

Mais pourquoi personne ne me croit jamais ! Elle enchaîne :

– Je veux dire. Hier encore, t'étais persuadée d'une invasion extraterrestre.

– C'était une blague.

– Bon, concède Justine. Imaginons qu'on soit face à un trafic de moutons.

– La question, c'est de savoir pourquoi ! je ponctue.

– Une affaire pour Fantômette mène l'enquête ?

Là, voilà ma pote que j'aime.

– Exactement, je réponds. Mais en dangereux. Je veux dire, c'est pas des tendres. Une vraie mafia du mensonge organisé.

Justine laisse un blanc. Elle craint sans doute que je ne m'attaque à un poisson trop gros pour moi. J'insiste :

– J'ai vraiment besoin que tu m'aides

– Allez, à tes ordres, Fantômette ! Notre pièce attendra.

Toutes les heures, je lui enverrai mes coordonnées GPS. Deux heures sans message, elle appelle Ariane.

J'enfile des moufles trouvées au grenier, histoire de ne pas laisser d'empreintes, je prends un canif dans le tiroir de la cuisine, j'adresse les coordonnées GPS de la ferme à Ju et je m'avance en direction du hangar.

23. le choc des Titans : l'heure de vérité

Dans la cour, Paul est allongé près du chien. Il lui parle à l'oreille. Je m'approche sur la pointe des pieds en faisant « Chut ! » à Toby. Le clebs me regarde mollement. Au dernier moment, je bondis sur le dos de Paul et je lui enserre la gorge avec mon bras pour l'immobiliser.

– Mais arrête, qu'est-ce qui te prend ?

– Il est pas à vous, le mouton, je dis.

Je lui tire les cheveux en le maintenant avec le bras gauche. Il se met à hurler, alors je lui colle la main sur la bouche – hors de question qu'il alerte toute la ferme.

– T'es un voleur ! Et ton père aussi !

– Arrête ! J'ai la gale, arrête, lâche-moi lâche-moi !

La gale ? Je le lâche d'un coup et me recule de deux mètres. Il me toise apeuré en se massant le bras. Je sens comme une démangeaison au poignet, mais ce n'est pas le moment de flancher. Je plante mon regard dans le sien :

– Je déteste qu'on me mente. Alors, on a deux solutions. UN. Tu me dis réellement toute la vérité, rien que la vérité, levez la main droite et dites je le jure.

Toby lève la patte droite, mais Paul reste impassible.

– DEUX…

Là, j'imite la sirène d'une bagnole de police. Il sursaute et me lance un regard paniqué :

– Tu vas pas faire ça.

– C'est la loi, Paul. Vous ne pouvez pas voler un mouton.

Je gonfle les épaules pour avoir l'air d'une shérif. Ça fait son petit effet, il esquisse d'une voix plaintive :

– Mon père va aller en prison !

– Toi aussi. Et moi aussi si je me tais : on est COM-PLI-CES !

J'insiste sur la fin du mot. Il est en train de flancher.

– Tu ne veux rien me dire ? j'assène.

Toujours rien. Je lui ressaute dessus et j'entreprends cette fois de le chatouiller – la pire torture qui soit. Il couine et gesticule, avant de lâcher enfin :

– Arrête, arrête, je vais tout dire je te jure c'est bon !

Victoire ! Je lâche prise et je le laisse reprendre ses esprits.

– Mon père me tue s'il apprend que t'es au courant.

Je hausse les épaules.

– La fille du journal, il dit.

– Quoi, la fille du journal ? La maîtresse du mouton ?

Il cherche ses mots. Je le presse :

– Vous comptez l'enlever elle aussi ?

– Si on lui laisse Barack, elle va le laisser contaminer tous les moutons.

Mon cerveau chauffe à cent à l'heure :

– Ah mais parce que donc il a vraiment la gale ?

Paul acquiesce et se met à pleurnicher :

– Mon père dit que, dans les prés y a pas de barrière, les moutons se mélangent, et que, quand ils auront tous la gale, faudra qu'on les tue…

– N'importe quoi ! Suffit de les soigner.

– Elle refuse, elle est pauvre, elle est sale, elle aime ça, avoir la gale !

Un véritable cri du cœur… Il sanglote :

– Tu veux pas que nos agneaux meurent, Léa ? Paul m'implore, du désespoir dans la voix.

J'ai comme un flash : j'imagine les agneaux, tout mignons tout adorables, agonisant dans les champs. Avec les vautours affamés qui attendent la fin pour les dévorer… Je sens une larme me perler au coin de l'œil. Me ressaisir, vite ! Je suis en mission :

– Je dois voir la victime.

– Tu sais bien que je n'ai pas le droit.

J'imite la sirène de nouveau – un peu moins fort, cette fois. Paul se lève, j'arrête mon manège. Il tapote la poussière de son pantalon, se mouche bruyamment et, sans un mot, me fait signe de l'attendre.

Je m'approche de l'appentis. La porte est cadenassée, désormais. Étrange… Paul me rejoint avec la clé. Le verrou est lourd à défaire, on s'y met à deux. Je pousse avec l'épaule tandis que Paul tient la porte. Toby se précipite à l'intérieur et l'odeur me scotche les narines : ça sent le bouc, là-dedans ! Le mouton volé – Barack – attend dans un coin. Encore plus malingre qu'hier, il fait peine à voir. Est-ce à cause de sa maladie ? C'est vrai qu'il a des taches. Un flash me revient : les centaines d'agneaux sans leur laine, tout tristes…

– Bon, je vais réfléchir, je dis.

– Et moi ?

– Je peux te placer sous protection judiciaire.

Ça a l'air de l'impressionner.

– Ce qui veut dire ?

– Qu'on te donne un nouveau nom, des papiers d'identité, et on te cache loin d'ici pour éviter les représailles. En échange, tu acceptes de témoigner contre ton père.

Il me jette le même regard que Barack.

– Je te laisse vingt-quatre heures pour réfléchir.

Ils disent ça dans les films. Ça met la pression. De mon côté, je me dépêche de rentrer à la maison : il faut que je cerne les intentions de cette fermière galeuse. Je retrouve le journal en boule près de la cheminée, l'article précise son nom :

« Anne Tudu ». En bonne enquêtrice, j'attrape la tablette de ma mère, et je tape :

GOOGLE

Anne Tudu + Portbail + mouton

Entrée.

24. mes parents sont des bobos

La ferme étant de l'autre côté du havre, le trajet a duré six minutes (j'ai envoyé les coordonnées GPS à Justine – on ne sait jamais). Papou a à peine garé la voiture que ma mère s'émerveille déjà :

– Que c'est joli, dis donc.

Tu parles. Pour qui aime les champs de ruines. Tout ce que je vois, moi, c'est une grange un peu cassée, retapée vite fait en maison – avec des volets bleus. Une bergerie en pierres avec une vingtaine de moutons en liberté. Et un petit abri – un dépotoir – jonché de paille, d'outils et autres tondeuses rouillées…

À l'horizon, une camionnette bleu Schtroumpf cabossée zigzague à toute berzingue. Elle vient se garer dans un nuage de poussière à côté de nous et la fermière nous hurle (le moteur tourne toujours) :

– Je suis en retard, j'avais un mouton barré.

Mes parents ont l'air ravis de cette apparition : T-shirt fuchsia sale, cheveux en bataille, elle a le plus grand mal à ouvrir la porte arrière de sa fourgonnette, qui cède enfin après qu'elle a donné un coup de pied dedans. Trois moutons – blanc sale – en sortent pour rejoindre le gros du troupeau, qui patauge dans une espèce de vase. Anne Tudu s'excuse :

– C'était pas prévu. On m'a appelée pour me dire qu'ils cassaient la croûte dans un potager.

– Ils se sont échappés ? demande ma journaliste de mère.

Déformation professionnelle : toujours poser des questions pour connaître la vérité.

– Pas exactement, répond Anne Tudu. On n'a pas le droit de mettre de clôtures. Les moutons ont juste eu envie de voir du pays.

– Et les gens ne rouspètent pas ?

Quelqu'un peut rappeler à ma mère qu'elle est en vacances ?

– Z'ont qu'à habiter en ville. Oh pardon, vous habitez en ville ?

Anne Tudu sent qu'elle vient de gaffer. Ma mère fait oui de la tête. La fermière a du foin dans les cheveux, un peu de terre sur la joue, et moi je décrète illico presto que Barack a bien de la chance d'échapper à ce cauchemar.

– Y a pas de mal. On venait voir si vous aviez des fraises, renchérit mon père, histoire de lever le malaise.

– Des petites ?

Sa réponse sonne comme une excuse… Bizarre. Derrière la bergerie, des carrés de fraisiers sont aménagés – enfin, plutôt des bacs en bois emplis d'une sorte de bouillasse d'algues. C'est horrible, y a des puces de mer… sur lesquelles surnagent de vagues fruits rouges pleins de sable.

J'ai envie de dire aux parents : « Partons vite, on va choper la gale. » Mais eux papotent gaiement.

– Ah donc c'est grâce à l'article que vous m'avez connue ?

– Oui, c'est Léa qui a vu votre histoire de mouton.

Je souris tout en me répétant dans ma tête : « Me touche pas ! Me touche pas ! »

– J'organise une pétition pour réclamer son sauvetage, histoire que les gendarmes m'épaulent enfin.

– On signe avec plaisir ! C'est honteux, ce qui vous arrive.

Si ça ne tenait qu'à moi, j'enlèverais tous les moutons pour les sauver. La Craspouille peut raconter ce qu'elle veut sur la diversité et le besoin de valoriser la qualité (pas sûre de bien comprendre ce qu'elle raconte), la vérité, c'est qu'elle est en train de tous nous empoisonner avec ses produits mal lavés.

À la fin, elle ne nous fait même pas payer les fraises – « manquerait plus que ça », elle dit –, mais juste les six bocaux de terrine d'agneau de pré-salé que mon père porte tout fier dans une cagette amochée. La viande est rosée, impossible de savoir si ça vient d'un frère de Barack ou d'un autre mouton. Dans le doute, je n'en mangerai pas.

– Léa, tu signes la pétition ?

Ma mère me tend un stylo. Je pense à Paul.

– Il s'appelle Barack, votre mouton, c'est ça ?

La voilà qui prend l'accent américain :

– *Exactly*, *dude*, comme Barack Obama !

Sans blague…

– C'est pas un peu raciste ?

Craspouille-Anne me regarde, les yeux ronds. Et Papou aussi.

– De l'avoir enlevé ? Si, d'où la pétition.

– Non, de l'avoir appelé Barack. En le résumant à sa couleur, en réalité, vous faites de la discrimination.

Subitement ma mère a l'air moins ravie que je lise tous ses articles :

– Bon, on va y aller, hein. Bon courage dans vos recherches.

Quand je lance « auwoir Madwame » avec un accent africain, mon père pouffe, mais Ariane m'attrape le bras et me pousse jusqu'à la voiture.

25. journal de bord d'une ~~survivante~~ enquêtrice

Havre de Portbail, Cotentin. Jeudi 23 avril. 6e soir des vacances de Pâques.

Retour de mission d'infiltration.

Localisation :
La « Ferme Craspouille », propriété d'Anne Tudu.

But (officiel) de la mission :
Aller chercher des fraises et de l'agneau avec les parents.

But (officieux) de la mission :

Percer les motivations de la fermière maléfique qui menace toute une région.

Compte rendu détaillé de la mission :

Infiltration **réussie** : la dénommée « Anne Tudu » ne s'est doutée de rien. Les nombreux prélèvements effectués sur place devraient confirmer la présence de bactéries galeuses. La suspecte est désormais considérée comme dangereuse…

Résultats des prélèvements :

En attente…

26. tu seras journaliste, ma fille

Tout en préparant le repas, mes parents discutent comme si je n'étais pas là. Mon père touille minutieusement sa casserole :

– C'est pas faux, ce qu'elle a dit, Léa.

– Peu importe : elle n'a pas à contredire les adultes, décrète ma mère.

– Tu ferais mieux de te réjouir que ta fille dise tout haut ce que tu penses tout bas.

Mon père, c'est le meilleur !

– Mais enfin, ça se voit, qu'elle n'est pas raciste, elle ne pense pas à mal en l'appelant Barack. Ce n'est qu'un mouton. C'est juste une blague, voilà.

Non, ce qui est grave, c'est qu'on l'empêche de travailler.

Ben voyons…

*

Au dîner, par solidarité avec tous les moutons du monde qui attrapent la gale à cause de gens peu scrupuleux, genre Anne Tudu, j'ai fait la grève de la faim de leurs fraises de mer. Pas envie de tomber malade.

– Tu as tort, elles sont vraiment délicieuses.

– Je me réserve pour celles de Paul. Au moins, leur ferme est propre et impeccable…

– Ah, c'est pour ça… C'est parce que chez Anne c'est moins bien rangé ?

Mon père a enchaîné :

– Tu sais, un fruit ou un légume pas parfait, c'est plutôt bon signe, en fait.

– Je vous croyais plus exigeants.

Ma mère m'a toisée.

– Dis donc, Miss Perfection, tu crois que tu es comment, toi ?

« Comme une journaliste retenue en otage par d'affreux terroristes », ai-je eu envie de répondre. Mais ce n'était pas une bonne idée.

– Non, parce que, si on peut avoir le même modèle en parfait, je signe tout de suite, moi ! Une Léa qui écoute, qui range sa chambre, qui m'appelle Maman, qui est contente d'être en vacances. Tu as raison : c'est mieux, la perfection !

La vache. Touché. Elle a réussi à me vexer.

27. la liste de mes révélations : la vérité est ailleurs

Liste des révélations du vendredi 24 avril qui font avancer l'enquête (et ma vie) :

• L'inspectrice n'est pas parfaite (comment ça, ce n'est pas une révélation ?).

• La gale ne contamine pas les fruits. Les fraises d'Anne Tudu sont DÉLICIEUSES ! J'avoue : histoire de mourir moins bête, je me suis relevée pendant la nuit pour en goûter une, je l'ai lavée astiquée refrottée sous l'eau, et c'était un RÉGAL !

• Grâce à sa pétition, Anne Tudu a obtenu que les gendarmes organisent une battue, c'est le branle-bas de combat dans le village. J'ai confirmé à Paul que j'étais de son côté, évidemment. Je ne dirai rien.

• Ça titille ma mère, cette histoire : je l'ai vue prendre des notes dans son carnet. Je ne voudrais pas qu'elle fasse capoter mon enquête.

• La campagne, des fois c'est bien et des fois c'est pas bien.

Note pour plus tard :

Est-il logique de faire entrer un mouton galeux chez soi quand on ne veut pas contaminer son troupeau ?

28. oui, je fouille dans les affaires de ma mère. Pas vous ?

---> Mouton noir pas vraiment noir
+ comme mouton blanc mais morceau de code génétique différent
---> Si saillie avec brebis / pas cool
AOP : trouver règles précises / s'il sort de l'appellation = prix moins cher
(Quelle différence ?)

ANNE T. :
« non à la standardisation / règles mal faites »
---> le bonheur dans l'assiette.
---> la diversité c'est important

Ne pas se mélanger. Sinon problème.
Cf. Barack = symbolique ? / combat ? Quid pour la région ?
AOP ailleurs :
- Baie de Somme,
- Mont-Saint-Michel,
- ~~Québec / Île verte~~

Bon, elle est gentille, ma mère, mais je ne comprends jamais rien à ses notes. Je tourne la page de son carnet. Plus rien. Juste la coupure de presse découpée.

– Tu fouilles dans mon sac ?

Oups. Je ne l'ai pas entendue arriver. Inventer, vite.

– Je cherchais du rouge à lèvres. Sur conseil de tes magazines…

Bon, ça va, je réussis encore à la faire rire. J'enchaîne :

– Je ne savais pas que ça t'intéressait, son histoire de mouton.

– Figure-toi que si. C'est un peu le pot de fer contre le pot de terre.

– Traduction ?

Ma mère prend un instant pour trouver les mots – c'est son boulot, rendre simples des trucs compliqués.

– Avec son bélier noir, elle essaie d'introduire de la diversité génétique dans l'appellation d'origine protégée…

– …d'agneau de pré-salé ?

– Exactement.

Je fais genre je comprends tout :

– Sauf que les moutons gris, c'est pas réglo, c'est ça ?

– Anne dit qu'en réalité ça n'a aucun impact sur la qualité de la viande.

– Comment ça ?

– C'est comme les hommes. Noirs ou Blancs, c'est pareil. Sauf que le monde est plus beau quand tout se mélange.

– Eh ben alors ?

Ma mère se mord la lèvre – signe qu'elle cherche ses mots :

– Ça fait flipper les éleveurs. Tu sais, le changement…

J'esquisse une moue. Elle reprend :

– Ils ont peur de perdre leur appellation, s'il y a trop de moutons noirs…

« Traite le père de Paul de raciste, pendant que tu y es ! » J'ai dû grimacer, car ma mère enchaîne :

– Non, pas convaincue ?

– C'est des bobards d'intellectuelle, je rétorque. En fait, son mouton, il a la gale. Comme elle est sale et pauvre, elle ne peut pas le soigner, et des gens ont dû trouver une solution et kidnapper son mouton pourri pour éviter la mort à tous les troupeaux de la région.

L'avantage de mentir souvent, c'est que les gens ne savent même plus reconnaître quand vous dites la vérité. Ma mère se gratte la tête pour réfléchir.

– La preuve, j'ai dit en désignant sa tête.

– Quoi ?

– Tu as mangé du mouton ?

Bingo. Elle cesse de se gratter et regarde sa main bizarrement.

– Bon, Madame la spécialiste ovine, tu n'auras qu'à prendre des gants pour la battue, elle me lance.

– Parce qu'on y participe ?

Elle me sourit, triomphante :

– Si tu ne veux pas qu'il contamine tout le monde, il faut bien le retrouver, ton mouton.

29. Barack et ses frères

BAM !

Encore un réveil en sursaut. Les draps trempés. Sensation étrange, comme un étau qui se resserre…

Et si ma mère avait raison ? Et si Paul mentait, en définitive ? Ou plutôt, et si son père lui cachait la vérité ? Mes parents sont partis au marché de Barneville, ceux de Paul y tiennent un stand ; j'en profite pour retourner à la ferme. Il m'attend dans sa chambre. Trop mignon, il a préparé son sac. Au cas où je déciderais de le faire cacher loin du lieu du crime. C'est parti pour la totale, comme dans les séries américaines : interrogatoire, contre-interrogatoire, air sérieux, ironie, prêcher le faux pour avoir le vrai, bref, l'avoir à l'épuisement. Je me sers même du carnet de ma mère comme d'une preuve à charge. Il observe les notes dans le détail, puis repousse le carnet vers moi sur le bureau.

– Et alors ? me défie Paul.

– Et alors quoi ?

– Qui nous prouve que c'est bénéfique, sa diversité machin génétique, là ?

Pas faux. Bidouiller la génétique, c'est jamais bon. Mais la vraie question, c'est de savoir le motif réel de son père : gale, racisme ou génétique ?

– Ton père t'a dit quelque chose ?

Paul secoue la tête.

– Barack a la gale, un point c'est tout.

– Bon. Admettons. Mais il faut pouvoir prouver ce qu'il dit.

Mon idée : confirmer que c'est bien la gale qui rend les moutons mal-en-point. Je lui détaille mon plan. Il rechigne :

– Mais on ne peut pas faire ça.

– Si. C'est la règle d'or du *Manuel de la parfaite enquêtrice*.

– Kidnapper un mouton pour résoudre une énigme ?

– Mais non, banane. Écarter les hypothèses une par une. Si on se rend compte que Barack n'a pas la gale, on passera au plan B.

– C'est quoi, ton plan B ?

– Je te le dirai en temps voulu.

PLAN A

Phase 1. On capture le mouton.

Phase 2. On l'enferme pour le traumatiser.

Phase 3. Si aucun changement, on passe au plan B.

PLAN B

Phase 4. On le met avec Barack pour le contaminer.

---> On verra bien ce qui se passe...

Phase 5. (En cours d'élaboration.)

*

On s'est dépêchés d'aller dans le champ – personne ne reviendrait avant le déjeuner. Et là, Paul m'a ébaubie (p. 589 du Robert, en bas à droite – pas facile, celui-là) : il savait exactement comment attraper un mouton.

Fig. 1

Fig. 2

Fig. 3

Fig. 4

Fig. 5

Fig. 6

– Tu veux lequel ?

– Le très très blanc, là-bas.

Si on faisait subir à un mouton de son père le même traitement que celui de Barack, et que lui aussi se mettait à dépérir, ça confirmerait que c'était pas la gale.

– Blanche-Neige ? Si tu veux...

Sérieux ? Son père avait appelé le mouton le plus blanc du troupeau Blanche-Neige ? J'ai failli dire à Paul que c'était pas très finaud. Il s'est avancé avec une corde. En deux temps trois mouvements, c'était plié.

*

La serre à tomates avait une cave accessible depuis l'extérieur. Paul m'a garanti que personne n'y venait jamais. Ce serait la cachette idéale pour la phase 2 de notre expérience.

– Si dans deux jours le mouton va bien, on passe à la phase 4.

Ça me paraissait un délai suffisant. On s'apprêtait à laisser Blanche-Neige seule quand soudain ça m'a fait tilt.

– La laine !

– Quoi, la laine ?

– Barack a été tondu ! Et si c'était ça, son traumatisme ?

Paul avait peur de comprendre ce que je voulais dire. J'ai éclaté de rire :

– Et zig-zig la machine infernale !

*

Qu'est-ce que ça bêle, une moutonne qui se fait tondre ! Je la serrais de toutes mes forces, mais Blanche-Neige gigotait tellement que Paul nous a fait un beau carnage : de la laine partout, des bouts de moumoute encore collés à la peau et tout le côté gauche intact. On était en nage. On a décidé que ça suffirait pour l'expérience.

Quand on a remonté l'escalier et qu'il a fallu éteindre la lumière, je me suis retournée une dernière fois et j'ai bien cru que j'allais craquer. La pauvre brebis nous regardait tout apeurée, c'était atroce. Paul a reniflé.

– C'est pour la science, j'ai dit du ton le plus solennel possible.

Et j'ai refermé la trappe en me jurant de limiter la phase 2 à vingt-quatre heures maximum.

30. et ron, ron, ron, petit patapon

Dimanche 26 avril. L'heure du bilan d'étape a sonné. Paul a dit à ses parents qu'il déjeunait chez nous. Et moi que je déjeunais chez eux. Ça nous laisse trois heures tranquilles pour tirer nos premières conclusions. On se fait un sandwich au jambon et on part observer Blanche-Neige. Un choc. Toute tremblante sur sa paille, elle est devenue toute terne après seulement un jour d'emprisonnement…

Le constat est sans appel. Blanche-Neige et Barack, même combat. Ce n'est a priori **pas la gale** qui leur donne mauvaise mine, **mais l'horrible emprisonnement** dont ils sont victimes.

TABLEAU COMPARATIF OVIN

– C'est pour quoi, la dernière ligne du tableau ?

Impossible de retenir une moue de dégoût rien qu'à l'idée. J'écris en toutes lettres sous les yeux de Paul :

Il grimace. C'est au-dessus de nos forces : on ne va quand même pas les transformer en gigot-frites pour avoir le fin mot de l'histoire, non ?

Ce qui est sûr, en revanche, c'est que Barack et Blanche-Neige ont besoin d'aide.

– Ça existe, non-assistance à mouton en danger ? je demande.

L'info doit se trouver sur Internet. Paul prend peur :

– Mais tu vas pas nous dénoncer, dit ?

Je prends mon air outré :

– Je n'ai qu'une parole. Promis juré craché.

Mais je me retiens de cracher.

– On fait quoi, de Blanche-Neige ? s'inquiète Paul.

Je désigne sa montre :

– Il est quelle heure ?

– 14 h 37.

– On la libère. Maintenant.

Paul me sonde du regard pour savoir si je parle sérieusement. Je souris. Il m'applaudit des deux mains.

Lui infliger vingt-quatre heures en plus est inutile. Avec un peu de chance, sa laine repoussera avant que le père de Paul s'aperçoive de quoi que ce soit. Au pire, il croira qu'un loup a voulu la manger. Et nous on évite de maltraiter un animal.

Blanche-Neige est déjà en train de gambader toute heureuse dans son pré quand, avec Paul, on a la même idée : Barack. Et si les dernières vingt-quatre heures lui avaient été fatales ? Après tout, il était déjà très faible. On se précipite d'un même élan vers l'appentis, Paul attrape la clé au vol et à peine la porte est ouverte qu'on constate l'étendue du carnage :

– Houlà. C'est pas la frite, mon Barack.

Le bélier est tout recroquevillé. Il souffle fort tout en tremblant, comme en crise de panique. J'approche ma main pour le caresser malgré ses taches de boue et sa peau miteuse – un peu comme un magnétiseur. Ça a l'air de l'apaiser.

– Pourquoi ton père lui en veut à ce point ? je chuchote.

Paul s'agenouille près de moi. Il a l'air aussi dépité que Barack. Je coupe ma respiration et je fais un bisou du bout des lèvres sur la tête du mouton. Paul a les larmes aux yeux. Je lui demande :

– C'est quoi, le problème d'avoir un agneau un peu différent ?

– C'est les règles… il répond d'une voix mal assurée.

Je hoche la tête.

– Ma mère dit toujours qu'il faut se poser des questions : est-ce que ces règles sont bonnes ?

Paul ne sait pas quoi dire. Je poursuis :

– Est-ce que ton père a raison ?

– J'en sais rien.

– Moi non plus.

Barack secoue la tête vivement. On arrête de le caresser. Je le regarde dans les yeux :

– Mais on s'interroge. C'est un début.

Pour un peu, je jurerais que Barack est d'accord avec moi. Paul se redresse :

– Alors on fait quoi ?

– Laisse-moi réfléchir…

Au milieu d'un silence de mort résonne comme un cri du cœur :

– Beûûûh.

Barack a la voix enrouée. Et moi, les idées très claires, soudain :

– Bon. Déjà, je pense que ce serait bien que tu participes à la battue. Ça écarterait les soupçons, si tu vois ce que je veux dire.

– Et après ? s'enquiert Paul.

– Après, on se débrouillera pour que Barack aille mieux.

– Bêêê…

Mort de rire ! Impossible de traduire ce que Barack vient de nous dire d'une voix chantante, mais c'est comme s'il avait compris qu'on allait s'occuper de lui. On le caresse une dernière fois avant de refermer la porte, et je jurerais qu'à cet instant précis il nous sourit.

31. en mai, fais ce qu'il te plaît…

– Allez, cours, cours !

Avec Paul et Toby, on fait la course. Antoine et Jo – des copains de classe à lui – doivent être trois mètres derrière nous, mais je ne veux pas me retourner de peur que ça nous ralentisse.

On atteint le bout du champ en premier.

– GAGNÉ !

On se regarde, morts de rire et essoufflés. Pas peu fiers d'avoir couru si vite et aussi parce que les adultes nous ont fait confiance. Sur le parking de la mairie, l'un des gendarmes nous a fourni un plan du village et a délimité notre zone de recherche avec un feutre fluo :

– Vous, les jeunes, je vous donne les parcelles de maïs : surtout, vous pensez bien à regarder dans les fossés. Si le mouton est blessé, c'est là qu'il se cachera.

– Et si on le trouve ? j'ai demandé.

– Vous nous appelez. Léa, c'est toi la capitaine d'équipe, je te confie le sifflet.

C'est bizarre de faire semblant de ratisser une zone alors qu'on sait très bien où est Barack. Mais bon.

Antoine et Jo connaissent le coin comme leur poche, le plan est quasi inutile. Et on est si efficaces qu'on se retrouve les premiers sur le parking, à attendre les adultes.

Lesquels évidemment rentrent bredouilles, mes parents compris. Ils se sont mis dans l'équipe d'Anne Tudu : jamais ils ne comprendront que je ne leur ai rien dit pour Barack. De son côté, Anne pleure à moitié. Quand la dernière équipe, celle du père de Paul, rentre les mains vides, elle les prend à partie.

– Ah vous êtes contents, hein !

Balèze à casquette – le cousin de Paul, en fait – nous joue son offusqué :

– Anne. On n'a pas les mêmes méthodes. Mais jamais je ne me réjouirai de la disparition d'un mouton.

– N’empêche que ça arrange bien vos petites affaires, tout ça.

– Mais qu’est-ce que vous croyez ? Que la vie d’éleveur, c’est tranquille ? Fallait pas vous lancer là-dedans si, dès le premier problème, c’est de la faute à tout le monde.

Le ton commence à monter, alors les gendarmes calment le jeu.

Moi dans ma tête je me dis : « Tant d’agitation pour un mouton, c’est qu’il y a autre chose derrière. » Impossible de savoir qui a tort ou raison, mais, une chose est sûre, je regrette de ne pas m’être ennuyée sagement : ça valait toujours mieux que de couvrir des kidnappeurs.

32. la conversion de Paul

Après la battue, Anne Tudu a invité tout le monde chez elle pour payer son coup. Elle a préparé des tartines et des gâteaux. La musique joue à fond, c'est super, les gens se sont mis à danser sur de vieilles cassettes tandis que le soleil descend sur la mer. Elle est peut-être mauvaise fermière, mais elle a le sens de la fête. Elle a même réussi à nous émouvoir à un moment quand elle a dit (et là, chacun s'est tu) :

– Barack, où que tu sois, sache que nous pensons à toi. À ce que tu représentes – une autre voie. Et que nous n'abandonnons pas le combat.

J'ai cru que j'allais pleurer. Paul a eu le droit de rester avec nous. Je crois que, de voir à quoi ressemble concrètement Anne Tudu, sa ferme, ses moutons, à des kilomètres de toutes les âneries que lui raconte son père, ça lui a ouvert les yeux. Après le discours, il m'a entraînée dans un coin et m'a fait asseoir.

Il a pris un air très sérieux :

– Aujourd'hui, j'ai compris une chose.

J'ai voulu plaisanter, mais ce n'était pas le moment.

– Clairement, le Destin nous confie une mission, il m'a dit encore plus sérieusement.

– Je t'écoute.

– Il faut sauver Barack !

J'ai hoché la tête, on a claqué des doigts, on s'est topé dans la main et on a chuchoté :

– Yeaaaahhh…

33. il faut sauver le soldat Barack !

ORDRE DE MISSION

1 . Pouvoir dormir à la ferme.

2 . Infiltrer l'ennemi.

3 . Libérer Barack.

4 . Le reconduire chez Anne Tudu.

5 . Maquiller les preuves.

6 . Se recoucher et faire semblant d'être surpris le lendemain.

1er exercice de mission : convaincre les parents de me laisser dormir à la ferme.

Pas gagné, vu comment je me suis comportée depuis le début des vacances. Ils étaient tranquillement installés dans le canapé, plus amoureux que jamais. (Note pour plus tard : penser à partir souvent en vacances, ça rend les gens heureux.) Et moi j'attendais leur réponse.

– Dis donc, il te plaît bien, Paul ?

Oh la lourde… Mon père souriait lui aussi. Il m'a demandé :

– C'est ton amoureux ?

– Vous êtes vraiment trop ring'. On est en union libre, les couples comme vous, c'est trop *has been*. Bon, je peux dormir là-bas, oui ou non ?

Mon père a posé la question qui tue :

– Tu seras sage ?

– Comme une image.

Il s'imagine que je pourrais répondre « non » ? Il a fait signe que c'était bon pour lui. Ma mère a levé les yeux au ciel. Gagné.

2e exercice de mission : infiltrer la ferme ennemie.

Au départ, tout s'est passé comme prévu. La mère de Paul (la fermière au chapeau du premier jour) nous avait cuisiné un énorme gratin de saucisses, et elle avait plein de questions à me poser sur ma vie de Parisienne. Je la trouvais presque un peu trop aimable. Comme j'avais fini mon assiette, elle s'est mise à me resservir généreusement :

– Alors, il est bon, mon gratin ? C'est meilleur que chez la Tudu, hein.

J'ai fait oui de la tête. Elle a enchaîné :

– C'est parce que chez nous les cochons sont bien traités.

– Comme nos moutons, s'est félicité le père de Paul.

Oh le culot ! Ça me démangeait de leur hurler au visage : « Ah ouais, et Barack à frites, il compte pour du beurre, peut-être ? »

Mais Paul m'a donné un coup de pied sous la table.

Bon an mal an, il a été l'heure d'aller se coucher. Ils n'avaient rien soupçonné de notre plan.

3e exercice de mission : libérer Barack.

La chambre de Paul était au rez-de-chaussée. Il m'avait prévenue, ses parents se couchaient tôt à cause du travail aux champs. Dès qu'on les entendrait monter, on se faufilerait jusqu'à l'appentis. À pied, la ferme d'Anne Tudu était loin, notre timing serait serré.

Allongée dans le lit, j'observais Paul, qui guettait, l'oreille collée à la porte. J'ai murmuré :

– Ils parlent encore ?

– Ben oui.

Ça n'arrangeait pas nos affaires, ça.

– Mais je croyais qu'ils devaient se coucher ?

– Ma tante est là, il a répondu.

– C'était prévu ?

Paul a levé les mains en signe d'impuissance :

– Ben non.

Bon. Si la famille de Paul décidait soudain de faire une bamboula, tout notre plan tombait à l'eau. J'ai fermé les yeux et j'ai pensé à Barack, là-bas, seul et triste dans son coin, j'ai décidé d'improviser :

– On y va.

– Maintenant ?

– Oui. On va passer par le hangar.
– Mais s'ils nous surprennent ? s'est alarmé Paul.
– Ils discutent, ils verront rien.

*

Je suis déterminée comme jamais. On ouvre doucement sa fenêtre et on se glisse dans la cour. Les clés sont sous le porche de l'entrée. Paul les récupère au passage et on se faufile jusqu'à l'appentis. Clac la clé, bam le coup d'épaule sur le verrou, et nous voici à l'intérieur.

J'ai peur que Barack fasse du bruit, mais le pauvre est trop mal-en-point pour s'agiter. Je lui fais un bisou pour lui signifier que c'est nous. Et je le maintiens pendant que Paul l'entoure d'une corde.

– Pas trop serré, le nœud, je chuchote.

Il me fait signe qu'il sait ce qu'il fait. Barack est étonnamment docile. Je crois qu'il est à bout. Croisons les doigts pour qu'il tienne le choc du voyage. On le hisse péniblement sur ses pattes, mais, pile au moment de partir, voilà des voix qui résonnent dans la cour !

– Tu passes devant, je te suis.

C'est M. Hébert ! Tétanisés, on est. Je serre Barack dans mes bras en priant très fort pour qu'il reste immobile. Paul a laissé la porte ouverte. Je la désigne du regard – il hésite à la fermer, car ça ferait trop de bruit. On retient notre souffle et j'agrippe Barack encore plus fort. On attend.

J'entends Toby qui s'approche, il fait pipi et se met à grogner : on est repérés.

Faites qu'il n'y ait plus personne dans la cour…

– Y a quelqu'un ?

Raté ! C'est la voix du père de Paul :

– Toby ?

Il se rapproche, lentement. Chacun de ses pas fait crisser le gravier. Vite, Léa, un plan B ! Qu'est-ce que… Paul ? Mais non, te lève pas ! Qu'est-ce qui lui prend ? Sans crier gare, le voilà déjà à la porte qui lance à voix haute :

– Papa.

– Chut ! je souffle.

J'essaie de l'attraper par le colback tout en maintenant Barack. Mais Paul s'entête :

– Papa. Oui, c'est nous, on est là.

Le traître ! La silhouette de son père se dessine dans l'obscurité.

– Paul ? Mais qu'est-ce tu fais debout à cette heure ?

La lumière s'allume – je me retrouve limite aveuglée. Son père est en blouson.

– Nous crie pas, explique Paul. J'ai voulu montrer à Léa à quoi ça ressemblait, la gale.

M. Hébert nous scrute. Vite, enchaîner :

– C'est horrible, je dis. Vous avez raison de le mettre à part.

– Allez vous coucher, les enfants.

Je m'apprête à filer dans la chambre sans demander mon reste, mais la voix de Paul résonne de nouveau.

– Tu vas en capturer un autre ?

Regard paniqué de M. Hébert dans ma direction. Paul le rassure.

– Léa est avec nous, papa. Elle sait le danger que ça représente pour les troupeaux.

– Je veux vous aider, je dis.

Un temps. Il réfléchit. Je ne sais pas pourquoi je fais ça, mais je lève le poing et je hurle :

– La gale ne passera pas !

Ça lui plaît, je crois.

– Bon, grimpez dans le fourgon, vous monterez la garde. Mais motus et bouche cousue, on est bien d'accord ?

Paul acquiesce. Et moi aussi. On ne prend pas la peine de détacher Barack, on ferme le verrou à la va-vite et nous voici déjà dans la camionnette.

Tandis qu'on s'enfonce dans la nuit, je me demande ce que je suis venue faire dans cette galère…

34. la nuit, tous les moutons sont gris

– J'ai froid.

– Chut !

Je tends l'oreille. Rien que quelques bêlements. Dix minutes au moins que Paul et moi on est postés devant le coffre de la fourgonnette. Le père de Paul, son cousin et Véro, sa tante châtain filasse, sont partis avec la couverture et une seringue pour endormir un autre mouton d'Anne Tudu – une brebis, cette fois.

– J'en reviens pas que tu nous aies mêlés à tout ça.

Paul grelotte :

– Tu voulais quoi ? Qu'on fasse comme si on avait décidé de dormir dans l'appentis pour rigoler.

– Jamais on ne pourra libérer Barack, maintenant. Ton père saura que c'est nous.

– C'était quoi, ton plan, déjà ? Attendre dans nos lits que tout le monde soit couché ?

Pas faux. Je veux répliquer mais des torches s'agitent dans la nuit. Elles se rapprochent en éclairant dans tous les sens. C'est Véro qui ouvre la voie, M. Hébert et le cousin de Paul luttent pour maintenir le mouton, qui se débat. Ça bêle de partout, c'est un coriace.

– Bien la peine de nous faire monter la garde avec un vacarme pareil.

On leur ouvre le coffre. Bim bam, le sac est déjà dans le fourgon, le frère de Paul monte avec lui pour le maintenir. Et on file vers la ferme.

Toutes les images de la première nuit se répètent une par une. « Cruiiii. » La porte qui grince. Le mouton qu'on assomme. Le hangar tout entier qui tremble. Et quand Véro s'avance avec son zig-zig, j'ai envie de pleurer tellement la brebis bêle, paniquée par ce qui lui arrive. En deux minutes, elle n'a plus un poil de pelote sur le caillou – technique imparable pour empêcher qu'on reconnaisse les moutons volés…

Dingue, ce que le temps passe vite quand on commet des crimes…

*

Avant d'aller nous coucher, je suis chargée d'effacer les traces : armée de ma balayette, je fais le ménage à l'arrière de la camionnette pour évacuer le mélange de terre, de paille et de laine. Paul est parti ranger la tondeuse et les lampes torches. J'entends le verrou claquer : M. Hébert a enfermé le mouton. Je le sens qui se rapproche – il a transpiré, son odeur a le parfum du crime…

– On s'amuse bien à la campagne, hein, Léa !

Il trouve vraiment ça « amusant » de traumatiser des moutons ? Je m'efforce de donner le change :

– C'était super ! Mais vous n'avez pas peur qu'on vous surprenne ?

– C'est pour leur bien, tu sais.

J'acquiesce malgré mon envie de vomir. Il se caresse la moustache et plante son regard dans le mien :

– Tu sais, chaque mouton mélangé qui naît, ça fait du mal à l'appellation.

La gale ! Il ne parle plus de la gale !

L'air de rien, sans prévenir, il vient de m'avouer qu'il ment depuis le début. Il refuse que les moutons noirs se mélangent aux blancs ! Je rassemble toute mon expertise d'actrice et je fais ma naïve :

– Comment ça ?

– Ça fait baisser leur valeur.

– Aux moutons ?

Il opine du chef :

– Et un animal qui n'a pas de valeur, ça ne sert à rien.

Un animal sans valeur est un animal mort, alors ? Qu'est-ce qu'il sous-entend ? Qu'Anne Tudu veut la mort de ses moutons ? Mais qui pourrait bien croire une chose pareille ? Elle est déprimée rien qu'à l'idée de les savoir blessés.

Stupidement, je lève encore le poing en soufflant :

– Le mouton noir ne passera pas !

Il a l'air ravi. Au moment de lui souhaiter bonne nuit, je l'entends qui murmure :

– On va quand même pas se laisser emmerder…

Et je finis par aller me coucher, obsédée par la tête dépenaillée des moutons une fois le supplice de la tonte achevé.

Paul s'est déjà assoupi. Moi je reste éveillée avec la certitude de m'être trompée sur toute la ligne…

35. la technique de l'autruche pour faire oublier le mouton

Étalée sur le sable, écrasée de soleil, je ne suis sûre que d'une chose : dans cinq jours, je pars, et plus jamais je ne veux entendre parler de leurs salades de génétique auxquelles je ne comprends rien.

Déjà, je ne retournerai plus à la ferme. J'ai trop honte. Je n'arrête pas de me dire que j'aurais pu tout arrêter bien plus tôt. Dès le premier jour, en fait, j'aurais dû tout dire à ma mère, plutôt que de raconter n'importe quoi pour faire mon intéressante. Car maintenant on a deux moutons kidnappés et une Blanche-Neige à moitié tondue. Anne Tudu – qui n'a rien demandé à personne – va devoir plier boutique.

Voilà ma mère, justement, qui revient galvanisée de la Maison de la Presse.

– Y en a un autre qui a disparu !

– De quoi ? mon père a dit.

– Un mouton, une brebis, cette fois ! Angela a disparu.

ANGELA : LA SÉRIE « NOIRE » CONTINUE

Portbail. 28 avril.

Cette fois, cela s'apparente à un complot. Anne Tudu ne décolère pas. Alors qu'une battue a été organisée ce week-end, sans succès, voici qu'une brebis a disparu – alors même qu'aucun risque n'existe de pervertir les autres troupeaux.
Cet acte atteste la thèse d'un animal sauvage et non d'un enlèvement. Anne Tudu s'insurge : « *Et comment expliquer dans ce cas que seuls les moutons noirs disparaissent ? Un renard raciste ? Ça ne tient pas debout. Non, clairement, certains ont intérêt à ne pas me laisser travailler, car je donne un coup de pied dans la fourmilière.* »

– La pauvre. Décidément, c'est pas de chance, a continué ma mère.

Mon père a pris le relais.

– Faut dire, il n'est pas tendre avec elle, le père de ton copain.

J'ai pris sa défense – sans grande conviction.

– Qu'est-ce que vous en savez ?

– Comment ça ?

– Peut-être que c'est elle qui fait n'importe quoi ?

Ma mère a eu comme un mouvement de recul, puis elle a pris sa voix de journaliste pour faire son importante :

– Léa. Anne, elle est toute seule. Elle fait de son mieux. Et c'est elle qui perd toutes ses bêtes, qu'on empêche de travailler.

J'ai fait ma dubitative. Ça a agacé mon père :

– Mais tu ne peux pas être du côté des méchants, enfin.

– C'est vous qui me dites toujours que tout n'est pas blanc, tout n'est pas noir.

J'ai cru que j'allais tout leur déballer, là, que j'étais coupable. Qu'évidemment ils avaient raison, que la gale n'avait rien à voir dans tout ça, que c'était horrible de s'en prendre à elle alors qu'elle ne faisait rien de mal. Que je m'en voulais de l'avoir traitée de raciste, alors que son mouton noir s'appelait Angela, comme Angela Merkel, mais ça impliquait d'avouer que j'avais menti depuis le début.

– Je peux aller voir Paul ? j'ai dit d'une voix tremblante.

– Mais après on pique-nique sur la plage, d'accord ?

Mon père s'est caressé le ventre :

– On a acheté de la terrine d'agneau !

*

Paul m'attend dans l'appentis en caressant Barack et Angela. Les deux moutons sont tout paniqués. Se faire enlever puis tondre à l'arrache les a complètement traumatisés.

– Rester dans le noir, ça leur fait bizarre.

– Je suis d'accord, je fais. Ils comprennent rien à ce qui leur arrive…

Ma décision est prise : c'est inhumain de les traiter comme ça. Génétique ou pas, la famille de Paul n'a aucune excuse.

– Il faut qu'on trouve un moyen de les relâcher, Paul.

– T'as entendu mon père. S'ils se mélangent, c'est la cata.

Mais qu'est-ce que ça peut bien leur faire à la fin qu'un mouton soit gris ! Comme si le monde allait s'arrêter de tourner pour ça.

– Mais tu trouves pas ça étrange ? je demande.

– De quoi ?

– Ton père dit qu'il faut respecter les règles, pour l'appellation, tout ça.

Paul hoche la tête, inquiet de ce que je vais lui annoncer. J'en profite :

– Et là il agit en loucedé, la nuit.

– On va pas les enlever en plein jour !

Histoire d'enfoncer le clou, j'ajoute :

– Alors que regarde Anne : elle appelle les gendarmes, elle en parle dans le journal. Elle n'a rien à cacher.

Pour Paul, c'est difficile d'imaginer que son père fasse quelque chose de mal.

– Pourquoi il ne demande pas aux gendarmes de tuer les moutons noirs, si c'est hors la loi ? Ce serait logique, non ?

Paul se concentre sur Angela. Je crois que ça lui évite de pleurer.

– Bon. Imaginons ce n'est pas ton père. Qu'est-ce que tu ferais, qu'est-ce que ta conscience te soufflerait de faire ?

– Et si tu en parlais plutôt à tes parents ?

Pardon ? D'où ça lui sort de me parler soudain de mes parents, à Paul ?

– On peut leur faire confiance, non ? il renchérit. Ils sont objectifs, dans l'histoire.

– Sans doute, mais tu sais, c'est compliqué, et puis…

– Quoi, t'es trop fière pour leur demander de l'aide ?

Pour une fois, je ne trouve rien à répondre. Et s'il avait raison ?

36. aux armes, citoyens !

– Mais j'ai besoin de vous, moi !

Ma mère est en train de battre des œufs en neige – ça sent bon la mousse au chocolat. Et mon père vient de mettre *Heart of Glass*, de Blondie, à fond les ballons. On est obligés de crier pour se faire entendre. Mon père esquisse un pas de danse tout en me criant à moitié :

– Léa. Ça ne tient pas debout ton histoire !

Ma mère s'y met aussi :

– C'est quoi, le prochain épisode ? Des lapins bioniques qui vont nous massacrer ?

– Mais puisque je vous dis que c'est moi qui ai enlevé Angela !

– Eh bien, envoie-nous la demande de rançon.

J'y crois pas ! Je les supplie de m'aider et ils sont en train de danser. Je hurle, désespérée :

– Mais croyez-moi, enfin !

– Comme pour la baby-sitter attachée au radiateur ? Y en a marre de tes histoires !

Je claque la porte, furieuse. Blondie chante : « *Seemed like the real thing, only to find mucho mistrust, love's gone behind.* »

J'arrache une plante, c'est stupide, la pauvre tulipe ne m'a rien fait, alors je cours je cours je cours. Histoire de me vider la tête. Au bout de dix minutes, j'échoue en nage sur la plage. Je m'écroule sur le sable et je cogite. Du plus fort de ma vie. Il faut sauver Barack et Angela. Tant pis pour les parents de Paul… Une mouette piaille. Je me relève pour voir ce qu'elle fabrique et c'est là que je reçois en pleine poire une page de journal. Celui de ma mère, justement. Mais un vieux numéro sans doute réchappé d'une poubelle. Et là. Comme ça d'un coup d'un seul sans prévenir. Ça fait tilt !

Informer.

Voilà ce qu'il faut.

Je trace vers la ferme : agir vite, surtout. Les vies de Barack et d'Angela en dépendent.

37. le changement, c'est maintenant

– Tu veux dire qu'on se trompe depuis le début ?

Paul essaie de comprendre ce que je veux dire. Je suis tout énervée et incohérente :

– Ce n'est pas à nous d'arbitrer qui a tort, qui a raison. Ni à ton père.

– Et donc ? il m'interroge.

– Notre mission, c'est informer ! Faire un travail de journalistes !

– Tu veux qu'on crée un compte Twitter ?

– Hein ? Non, faut qu'on donne des clés pour comprendre. C'est à ça que sert la presse. C'est ce que dit ma mère quand on le lui demande.

Elle est fortiche, ma *Mum*. Je compte bien lui montrer de qui je suis la fille.

*

– Qu'est-ce qui me prouve que t'as pas récupéré ça sur Internet ?

Ma mère fait défiler les photos de Barack et d'Angela sur la tablette. Je les ai pris sous toutes les coutures, mais je n'ai pas pensé à mettre Paul à côté. Résultat, elle doute de ma bonne foi.

Elle en fait défiler une dernière – Angela qui bave, allongée à même le sol de l'appentis.

– Là ! je pointe.

Dans un coin, on distingue l'auvent de la maison des Hébert.

– C'est chez eux, je vous dis.

Ma mère agrandit l'image. Je me tourne vers mon père :

– Papou, tu me crois, toi ?

Il observe lui aussi la marquise jaune en verre dépoli. Le crépi blanc. Ouf. C'est bon, ils me croient enfin.

Au pique-nique, ça discute sévère. Clairement, ils ont envie d'aider Anne mais disent qu'il faut

« la jouer serré ». Et puis ma mère craint de se gâcher la fin des vacances à trop se prendre la tête.

– Mais on s'en fiche, qu'on soit en vacances !

– Léa, tu baisses d'un ton.

Mon père aime faire son autoritaire.

– Le métier de Maman, c'est journaliste ! Les gens ont le droit de savoir et Anne doit pouvoir récupérer ses moutons !

Faire appel à sa fibre citoyenne, ça marche toujours avec elle. Elle opine du chef en disant :

– Mais on ne peut pas dénoncer.

– Pourquoi ?

– Parce qu'il faut que les bourreaux *prennent conscience* de leurs crimes. Sinon, tout recommencera. Ce qu'il faut, c'est faire comprendre aux ravisseurs que la violence n'est pas la solution.

La violence n'est pas la solution… Je déteste l'admettre, mais elle a raison, ma mère.

38. Bêêê 2.0

– Vas-y, clique, je dis à Paul.

On a les yeux explosés tellement l'écran est petit. Surfer sur Internet avec un mobile défectueux au milieu de la cambrousse, merci la galère. Paul clique sur « Valider » et je croise les doigts. Pas évident de faire avaler à Facebook la création d'une page de profil pour Barack et Angela. Mais bingo ! Comme quoi, c'est vraiment n'importe quoi, leurs règles d'identité vérifiée.

Je lui montre ensuite comment lancer une pétition sur Internet, ma mère s'occupera du reste. On a décidé de poster les photos des moutons tout dégarnis sur Facebook, puis de les partager sur un maximum de pages du coin : l'Office de tourisme, le centre nautique, les sauveteurs en mer. Et les gens « likent » déjà, ça les intrigue de voir débarquer sur leur profil Facebook une photo de moutons qui leur crient : « Au secours ! »

*

La machine s'est très vite emballée. Dès le lendemain, la radio locale a fait un reportage – ça les changeait des carnavals de maisons de retraite. Et bingo, le soir même, la télé régionale s'y est mise. Faut dire, l'anecdote était parfaite pour créer de l'intrigue : « Qui veut la peau de Barack et Angela ? » Ça sonne rigolo dans les journaux.

– Pour informer, il faut toujours raconter une histoire.

C'est ce que dit ma mère. Sinon, les gens, ça ne les intéresse pas. On a visé dans le mille.

Le journal *Le Monde* s'en est mêlé, ma mère a sorti un début d'enquête sur les appellations et les mutations génétiques, et hop ! la question était posée : à quel moment remettre en question l'ordre établi et demander aux citoyens de s'intéresser à ce qu'ils avaient dans leur assiette ?

Comme en plus Anne Tudu passe très bien à l'image, avec ses vêtements flashy et son franc-parler, très vite le vent a tourné de son côté.

Et je peux vous dire que le père de Paul l'a bien senti – tout le village ne parlait plus que de cette histoire, ça lui mettait la pression : il transpirait tout le temps. Du coup, c'est pour lui que j'avais de la peine – après tout, il avait juste peur de ne plus pouvoir vendre ses moutons.

Allait-il craquer ? Sa famille m'avait invitée à dîner pour notre dernier soir. Je le sentais tout triste, le regard vide. Rien à voir avec le bonhomme énergique que je voyais depuis deux semaines.

Avant de passer à table, Paul m'a glissé :

– Il leur a rajouté une couverture.

Coup de chance, la mère de Paul avait préparé de l'agneau. C'était délicieux – tout le monde était d'accord pour dire que ce serait dommage qu'ils ne puissent plus en produire. On a tous ratruché notre assiette et Mme Hébert, la mère de Paul, a dit :

– Paul, tu viens m'aider pour la teurgoule.

Je me suis retrouvée seule avec son père. Je le sentais vraiment désespéré. Je ne sais pas ce qui m'a pris, mais j'ai vu comme une ouverture dans son regard tandis qu'il reposait son verre de vin rouge, alors j'ai dit :

– Vous savez, monsieur Hébert. Si vous les relâchez, ça vous enlèvera un poids sur le cœur.

Gros blanc. Là, j'ai eu peur.

– Tu l'as répété à quelqu'un ?

J'ai secoué la tête.

– Faut que ça vienne de vous.

– Mais les gens…

– Vous n'avez jamais voulu leur faire de mal. Ils comprendront.

Quand Paul et sa mère sont revenus avec des ramequins remplis de teurgoule – la spécialité du coin, riz au lait à la cannelle, délicieux –, on a enchaîné la conversation sur la rentrée à Paris. Je leur ai raconté la pièce que je devais écrire, ça les a impressionnés.

À la fin, Paul m'a raccompagnée jusqu'au gîte. Ça nous faisait tout bizarre de savoir que c'était la dernière nuit des vacances… Qui sait si on se reverrait un jour ?

– À demain ?

– À demain, j'ai dit.

39. votre mission, si vous l'acceptez...

Le lendemain, juste avant le départ, on est allés chercher des fraises avec Paul et mes parents chez Anne Tudu. Elle nous a accueillis avec un grand sourire :

– Ils sont revenus ! Barack et Angela. Ils sont là !

Le père de Paul avait fini par les libérer. Anne nous a fait signe de la suivre, elle sautillait.

Couchés devant la bergerie, les deux quadrupèdes tout miteux mâchonnaient, pas mécontents d'être rentrés au bercail.

– J'ai appelé ton père, Paul.

Paul a pâli.

– On va aller ensemble à la préfecture. Pour tout mettre sur la table et essayer de trouver une solution.

– Et tu crois que ça va marcher ? a demandé ma mère.

– Vu le nombre de fans sur Facebook et la pétition sur Internet, les autorités seront obligées de se pencher sur la question… C'est un début !

Barack a bêlé. Il était l'heure de partir, je leur ai fait des mamours à tous les deux, puis j'ai pris Paul dans mes bras et, en lui collant deux grosses bises bien sonores sur les oreilles, je lui ai soufflé :

– Et bim bam t'as la gale !

Il m'a repoussée en éclatant de rire. Et j'ai couru à la voiture – mon père n'arrêtait pas de klaxonner.

*

Quand la voiture s'est engagée sur la quatre voies, j'ai voulu commencer à écrire. Mais, au bout de trois minutes, ça n'a pas loupé, mon père a dû s'arrêter sur le bas-côté et j'ai dégobillé. Une fois remontée et rafraîchie à l'eau de Cologne, ma mère a sorti un carnet et un stylo.

– Bon, elle raconte quoi, la pièce ? Tu dictes et je prends des notes ?

OK, ma mère est VRAIMENT sympa, en fait.

Je lui ai expliqué comment ce serait une grande fresque politique, qui donnerait la parole aux opprimés de tous bords. Ma mère notait les répliques. À la radio, une vieille station diffusait *Blowin' In The Wind*, de Joan Baez. Je réfléchissais au deuxième acte quand mon père a dit à ma mère :

– Dis donc, c'est un peu la nouvelle Angela Davis, ta fille.

Ils ont ri tous les deux. Avec mon téléphone, j'ai cherché sur Wikipédia : Angela Davis, activiste **noire** des années 1960.

Oh la vache ! Faut qu'elle arrête de donner des noms de Noirs célèbres à ses moutons, la Anne Tudu. Ça commençait à faire beaucoup. J'ai attrapé une de ses fraises et je me suis dit que, heureusement, elles étaient délicieuses.

La chanson touchait à sa fin… Ça parlait de la guerre, des conflits, et du besoin de vivre en paix. C'était beau à vous déchirer le cœur. Du coup on était tout mélancoliques. Ma mère s'est tournée vers moi et m'a dit :

– Alors, c'était pas super, ces vacances ?

Je l'ai regardée de haut :

– Créer un profil Facebook pour un mouton galeux ?

Elle a eu l'air décontenancée. Alors je l'ai attrapée par-dessus le dossier et j'ai dit :

– C'était **CANON** ! Vous êtes mes Barack et Angela à moi !

Ils se sont regardés tout contents et m'ont répondu en chœur :

– Bêêêê !

Merci infiniment à Olivier Pillé,
pour sa bienveillance et ses précieux retours.

Pour leurs encouragements, merci aussi à :
Tibo Bérard, Geneviève Brisac, Chloé Mary,
Nathalie Riché, Elisabeth Sebaoun
et les équipes de Gallimard Jeunesse,
de La Palissade et de Talents Hauts.

Et enfin merci à Yves, pour tout, bien sûr,
mais aussi pour avoir eu l'excellente idée
un jour de me rappeler que j'avais une âme
d'enfant.

Ouvrage réalisé par
Cédric Cailhol Infographiste.

Reproduit et achevé d'imprimer
par l'Imprimerie France-Quercy à Mercuès
en **septembre 2016.**

Dépôt légal : **octobre 2016**
N° d'impression : 60867/
ISBN : 978-2-8126-1140-7

Imprimé en France